元プロの流儀

常総学院
島田直也監督
【元・横浜ほか】

東海大菅生
若林弘泰監督
【元・中日】

天理
中村良二監督
【元・近鉄ほか】

鹿児島城西
佐々木誠監督
【元・ダイエーほか】

拓大紅陵
和田孝志監督
【元・ロッテ】

飯田哲也コーチ
【元・ヤクルトほか】

加来慶祐【著】

竹書房

はじめに

「あのイチローが、智辯和歌山で高校球児を指導した」

というニュースが、2020年12月になって世間を駆け巡った。これは野球界にとって、とんでもないビッグニュースである。そして待ちに待った朗報だったともいえるだろう。

日本では知らぬ者のいないスーパースター。2019年の引退後も、国内にとどまらず世界的に名を馳せる日米通算4367安打の超一流メジャーリーガーが、高校球児を直接指導したのである。

日本でもっとも知名度があり、影響力を持った元プロ野球選手の高校野球指導によって、非常にデリケートな関係性を持つプロアマ両球界に、新しい方向性が生まれるのではないか。少なくとも、日本野球界の構造について世間を巻き込んだ議論が交わされる絶好の機会になるはずだ。プロ側にもアマ側にも、何か新しい風が吹いてくるのではないか。そんな強い期待を抱いたのである。

そもそも、なぜ日本国内のプロアマ両球界に溝が生じ、関係が複雑化してしまったのか。すでにご存じの方も多いと思うが、その発端となった出来事をあらためておさらいしておこう。

まず、日本学生野球協会が定める学生野球憲章が「プロとの対戦を認めない」と改定されたのが1950年のことである。その後、ドラフト制度導入前の1961年に発生したのが「柳川事件」だ。シーズン解禁の3月1日から産業対抗大会（現・日本選手権）の終了する10月31日まで、選手のスカウトを行わないように要請していた社会人野球協会（現・日本野球連盟）と、退団者が夏の都市対抗終了後から登録可能となるよう社会人側に要求したプロとの間で意見が衝突。プロ側の要求を拒否した社会人側に対して、プロ側は以前から両者の関係性を維持する上で大きな効果を発揮していた協定の破棄を、一方的に通告したのである。

協定が効果を失った同年4月、中日は日本生命に所属し、2年連続で都市対抗に出場していた柳川福三の入団を発表してしまう。この契約に対して社会人側は激怒。プロ球界との関係断絶を宣言したのだった。

同年8月には、夏の甲子園に出場して1回戦敗退に終わった高田（大分）のエース・門岡信行が、甲子園からの帰りにあろうことか中日入りを表明してしまう（門岡事件）。これによって、禁止されていた退部届提出前の高校生とプロによる接触と交渉が発覚することとなり、日本高野連は高田に対して1年間の対外試合禁止処分を発表。日本学生野球協会も、学生野球憲章にプロ野球関係者からの指導禁止を盛り込むなどして、プロ対アマ（社会人＋学生野球）の対立構造がここに確立されてしまった。加熱するプロ側のスカウト活動に対する、アマ球界の拒絶反応である。

その後、10年以上の時を経て、社会人や大学がプロ出身者をコーチとして受け入れ始めるなど徐々に関係改善が進んでいくが、高校とプロ球界の距離は簡単には縮まっていかなかった。教諭として10年以上勤務したプロ出身者が高校野球の監督に就任できる制度が確立されたのは、社会人・大学のコーチ受け入れ解禁から遅れること11年。1984年のことである。なお、プロアマの関係断絶後に誕生した最初の元プロ監督・後原富（元東映、現・日本ハム）は、広島の瀬戸内を率いて1991年春、2000年夏に甲子園出場という結果を残している。
１９９４年には教諭としての勤務歴10年が5年に短縮され、その3年後には5年が2年に短縮された。そして、１９９９年には社会人球界がプロ退団者に門戸を開放し、さらに翌年の２０００年には、プロアマ合同による日本代表が編成されシドニー五輪に出場したのだった。

こうしてプロアマの雪解けが進んでいく中で、２００３年にはついに現役プロが高校生に技術指導を行う「夢の向こうに」の第1回シンポジウムが開催された。現在は北海道日本ハムの監督を務める栗山英樹が進行役を務め、立浪和義、福留孝介、黒田博樹、新井貴浩、岩隈久志ら当時のプロ野球界を代表する一流選手の多くが、ユニフォーム姿で高校生を指導したのである。「夢の向こうに」第10回目の２０１２年には、グラウンドでの実技指導も解禁され、いよいよプロ野球と高校野球のユニフォームが一堂にまみえることとなった。

しかし、プロ野球出身者が大学に再入学したり通信履修などで教員免許を取得したり、そこからさらに2年間の教諭生活を送ること自体が大変な労力だった。もちろん中途半端ではない覚悟と熱意を持ち、高校野球を指導するために30代で資格回復の道を志し、見事にその思いを叶えた者もいる。一方でその果てしなく長い過程の中で、諦めざるを得なくなった者も少なからずいたとも聞いた。

２０１２年の「夢の向こうに」翌年に、状況は大きく一変した。プロ（ＮＰＢ）出身者に課せられていた高校監督の教諭歴規定が撤廃されたのである。そしてＮＰＢ側の研修（４講座）、学生野球側の研修（12講座）計３日間を受講し、修了が認められた者は適性検査を経て学生野球資格が回復するという、従来の規則から大幅に緩和された制度が誕生した。

これによって多くのＮＰＢ経験者が受講し、プロ野球経験者の高校指導者が飛躍的に増加する最大のきっかけとなった。現在は日本独立リーグ野球機構（ＩＰＢＬ）経験者も受講対象となっている。

冒頭のイチローも、２０１９年に受講し２０２０年に資格を回復していた。イチロー自身、現在はマリナーズの球団会長付特別補佐兼インストラクターというポストにある。原則的に学生野球資格はプロ球団在籍中の監督や選手らには認められていないが、イチローの球団勤務が常態化していないことや、野球界における絶大なる功績が認められ、特例として回復が認められたレアなケースだ。

とくに2013年の規定改正の後、いわゆる「元プロ監督」は増加の一途を辿り、たちまち甲子園でも活躍が目立つようになった。中には強豪私学の指揮を任され、重圧にさらされながらも甲子園への出場を続ける者がいる。中にはスカウト経験を活かして優れた素材（中学生）を見出しチーム強化に励む者もいる。一方で、現役時代に残した華々しい実績と知名度のもとに息子を託そうとする保護者たち、そして自らの意志で集まってくる選手たちもいる。

2015年夏には、西武や楽天で編成部長やスカウト部長を歴任した楠城徹（元西武）が初采配で九州国際大付を甲子園8強へと押し上げた。この楠城の勝利が、改正後に資格回復した監督の甲子園初勝利でもあった。

2017年夏には、東海大菅生（西東京）の若林弘泰（元中日）と天理（奈良）の中村良二（元近鉄ほか）が4強入りを達成し、智辯和歌山の中谷仁（元阪神ほか）は2018年秋の監督就任以降、3季連続で甲子園出場へと導き2019年春には8強入りを果たすなど、甲子園でもすっかりおなじみの存在となった。

また、中止となった２０２０年春には、元首位打者の佐々木誠（元ダイエーほか）が鹿児島城西を就任からわずか２年で甲子園初出場へと導いている。

２０２１年春のセンバツにも若林が東京王者として臨むほか、初指揮で関東大会準優勝を果たした島田直也（元横浜ほか）が常総学院を率いて甲子園初采配を振る予定だ。さらに中村が率いる天理も、前年秋の近畿８強入りが評価され、近畿一般枠の６校目に選出されている。

また、１９９２年夏の準優勝校で、２００４年を最後に甲子園から遠ざかっている千葉の拓大紅陵も監督に和田孝志（元ロッテ）、コーチに飯田哲也（元ヤクルトほか）というプロ出身者を起用し、名門復活を期している。

ここで名を挙げた元プロフェッショナルの面々も、若林以外は２０１３年の制度改正後に資格を回復した者たちだ。

プロ野球選手の中には「セカンドキャリアは高校野球の監督で」と希望する者も多いため、今後も元プロ監督は増加し、高校野球界の一大勢力を形成していくであろうことは容易に想像がつく。

プロ野球選手とは、野球における最高技術者たちである。アマチュア時代に圧倒的な努力を重ね、憧れのプロ野球選手という肩書を手にした彼らは、最高峰の舞台で最高の技術に触れ、学ぶ機会を与えられた。

彼らが有する高等技術の数々を、人生最大の吸収力を有する成長期真っ只中の高校生に注入したら、いったいどんな化学反応を起こすのか。すでに甲子園出場や全国上位進出といった結果を残したケースも見受けられるが、今後あらゆる個性の元プロ監督が増えた時に、思わぬ可能性を発揮するチームがあってもおかしくはない。

一方で教育の現場でもある高校野球界に、プロフェッショナルの風を吹かせることの功罪も、高校野球界に「元プロ監督」というカテゴリーが確立されようとしている今だからこそ、真剣に考えていく必要があるのではないか。

プロ野球を経験した彼らは、いったい何を高校野球界にもたらそうとしているのか。後世に何を残そうとしているのか。そして、本当に元プロ時代は来るのか。

制度改正後からそれらの点に注目しながら取材活動を続けてきた筆者だが、本書の出版に際して、全国各地で活躍する元プロ監督たちに思い切って肉薄する機会を得た。しかも、そのうちの3名が2021年春の甲子園出場監督である。

彼らが備える指導者としての流儀に迫りつつ、高校野球界の未来を、プロ野球経験者の視線の先に見える景色を、読者のみなさんとともに覗いてみたいと思う。

（文中敬称略）

元プロの流儀

目次

第2章

東海大菅生
若林弘泰 監督
プロ野球出身の「教員監督」
「魂と闘志」を注入し西東京に深紅の大旗を

第3章

天理
中村良二監督
高校野球に帰ってきた「猛牛戦士」
アマチュア指導者になるためのプロ11年間に培ったもの

第4章

鹿児島城西 佐々木誠 監督

元首位打者の高校野球挑戦
引き出しの豊富さで作る「チームの柱」

第5章

拓大紅陵
和田孝志 監督
飯田哲也 コーチ

元プロふたりの「化学反応」
名門復活を託された高等技術者たち

第1章

常総学院

島田直也 監督

帰ってきた甲子園準優勝投手
恩師譲りの勝負根性で歩み始めた
「甲子園40勝」への道

島田直也

しまだ・なおや

1970年3月17日生まれ、千葉県柏市出身。常総学院～日本ハム～大洋・横浜(現DeNA)～ヤクルト～近鉄。3年春にエースとして常総学院の甲子園初出場に貢献。夏は決勝でPL学園に敗れたが、準優勝と大躍進の立役者となった。日本ハムを経て、大洋・横浜で大きく開花。1995年には中継ぎとして自身初の二けた勝利を記録すると、1997年には最優秀中継ぎ投手のタイトルを獲得。翌年にはチームの38年ぶり日本一に貢献した。引退後は日本ハムの打撃投手、独立リーグ、DeNAで指導者を歴任した後、2020年に常総学院コーチに。同年7月の監督就任後は、早々にチームを秋季関東大会準優勝に導き、常総学院に5年ぶりとなるセンバツ切符をもたらした。

名将との出会い

中学校3年生の時にテレビで観た夏の甲子園決勝戦が、島田直也の運命を変えた。

桑田真澄、清原和博のＫＫコンビを擁して優勝候補の大本命だったＰＬ学園を、延長10回に及ぶ激闘の末に破り頂点に立ったのは、茨城の県立校・取手二だった。

「ＫＫと互角に渡り合って、勝った監督が新設された私学に来るらしい」

監督の名は、木内幸男といった。すべての者を唖然とさせる数々の勝負手を繰り出し、次々と大物を食っていく。その大胆采配は「マジック」と称され、瞬く間に幅広いファンを虜にしていった。

やがて島田は、木内が「常総学院」という私立高校の監督に転任するため、選手を集めているという噂を耳にした。

「甲子園優勝監督、私学……」

少年は純粋である。「ここなら甲子園に近いだろう」というシンプルな見当を抱いて、千葉県柏市から常総学院に入学を果たす。新設校の第3期生として、挑戦の日々がスタートしたのだった。ところが、ふとまわりを見渡せば、島田と同じ思いを抱いて野球部の門を叩いた同級生が、150人近くもいた。

あまりに人数が多かったため、木内はチームをAからEまでカテゴリー分けした。島田は監督との接点も少ないDスタートだった。ここからのAチーム入りは、途方もなく長い道のりで、実際には不可能に近いとまで言われていた。

しかし、島田は高い城壁を這い上がり、チームのエースとなった。そして常総学院の甲子園初出場（1987年春）、さらには同年夏の準優勝という歴史を、名将とともに打ち立ててみせたのだ。

「甲子園準優勝投手」の実績を引っ提げて、島田はその年のオフにドラフト外で日本ハムに入団した。在籍した4年間は未勝利に終わったものの、移籍した大洋でプロ初勝利を挙げて飛躍を遂げる。球団名が横浜ベイスターズとなった1993年以降にはキャリア最盛期を迎え、1997年に最優秀中継ぎ投手のタイトルを獲得、さらに翌年にはリーグ優勝、日本一も経験したのだった。

2020年。その島田が、監督として母校に帰ってきた。常総学院のユニフォームに袖を通すのは33年ぶりとなるが、公式戦初采配となった秋の茨城大会で準優勝。県2位で出場した関東大会でも準優勝。そして秋の結果を受けて、チームを5年ぶりに春の甲子園へと導いたのだった。

しかし、島田の復帰と入れ替わるような形で、恩師の木内は旅立っていった。学校史上初の甲子園勝利投手となった教え子の、一世一代の晴れ姿を見ることもなく……。

Dグループからの〝下剋上〟

繰り返しになるが、島田が入学した時点で同級生は約150人。一度に全部員の練習を見ることはできないため、木内は部員をAからEの5グループに振り分けた。

Aは直接木内が率いるメンバー中心のグループで、Bがそれに準ずる選手たち。Cも頑張れば昇格が可能な圏内だが、D以下の選手たちが試合に出られる可能性は、限りなくゼロに近い。そういうことを入学前に聞かされていた島田だが、入学後に振り分けられたのは、まさかのDだった。

「中学時代に大した実績もなかったし、ほかの連中はみんな体もデカかった。〝まぁ、頑張って野球をやってね〟という感じではないでしょうか。でも、自分ではほかの奴よりも絶対に上手いと思っていたので、諦めるつもりはありませんでした」

負けず嫌いの島田が、カテゴリー昇格のためのアピール材料としたのは肩と足だった。木内もさすがで、たとえD以下の選手であっても秀でた選手は見逃さない。当然、コーチからの進言もあっただろうが、木内は島田の肩の強さを買い、捕手として起用を始めた。ところが島田は、経験したことがないポジションに戸惑い、せっかく摑んだチャンスをモノにすることはできなかった。

「ただ、よくよく考えた時に、あれは投手をやらせるための伏線だったのかもしれないな、と思うんですよね。最終的には投手をやらせることになるが、それまでにいろんなポジションを経験させておこう、という考えだったのではないかなと」

2年に進級すると、打撃投手で猛アピールした。

「そりゃもう、本気のバッピ（打撃投手）ですよ。直球には自信があったので、思い切りど真ん中に投げて空振りを取っちゃうんです。『もっとゆっくり投げろ』と言っていた人もいたし、先輩からはずいぶんと叱られたけど、こちらも少ないチャンスをモノにしようと必死だったので」

この頃になると、入学時に60キロしかなかった体重もみるみる増加し、70キロ近くにまで成長。身長も少しずつ伸び続け、高校生の野球選手として決して恥ずかしくない体格を備えつつあった。身長はプロ入り後も伸び続けていたという。

こうしてアピールを続け、起用されれば少しずつ結果も付いてくるようになった。

木内マジック

Dグループから飛ぶ鳥を落とす勢いで出世し、常総学院の主力に成長していく過程で、島田は木内幸男の野球に触れていく。

木内はとにかく負けず嫌いで、練習試合で初回に5、6点取られてしまうと、対戦相手のベンチに向かって「これ、最初からやり直していいか」と言って、もう一度振り出しに戻してしまうほどだった。独特の茨城訛りで言われるものだから、相手もつい木内の提案に乗ってしまうのだという。だから、同じ負けず嫌いの島田の性格は百もお見通しだった。

「掌の上で転がされていましたね。そういう部分でも選手を上手く操縦していました」

また、木内はデータを率先して取り入れようとはしなかった。対戦相手の試合や映像も、そんなに熱心にチェックしていなかったらしい。

「相手の特徴は頭の中に入っていたとは思いますが、それを選手の方に伝えることもあまりなかったと記憶しています」

一方で「木内マジック」の正体を、島田はこんなふうに捉えていた。

「とんでもないサインでも成功しちゃうから木内マジック。とんでもない作戦であっても、それを忠実に遂行できる選手がいたということなんです。ただ、こういうチームにはこういうことをやって勝とうという試合におけるプランニングは、しっかり持っていらっしゃいました」

取手二時代の木内はＫＫコンビのＰＬ学園に勝ち、常総学院を率いて夏を制した２００３年には、ダルビッシュ有（パドレス）を擁して大本命とされていた東北に勝っての優勝だった。

２００３年の優勝時には、２点差を追う４回の無死一塁の場面で、ダルビッシュを相手にバント策を採らずに強攻策に打って出て、これをきっかけに逆転に成功しているが、島田はこれも「ダルビッシュに勝つならこれしかない」というプラン通りに戦い、それを遂行できた選手がいたからこそ成立したマジックだと考えている。

負けたら終わりのトーナメントの中で、プロのリーグ戦ならあり得そうな大胆策に打って出る。目まぐるしい野手の選手交代や、ＫＫとの決勝戦に代表されるワンポイント継投などもしかり。この点は監督となった現在の自分に、強い影響を与えていると島田は言う。

そして、木内が重要視していたのは「準備」と「状況判断」だ。だからといって「準備をしっかりしておけ」と言わないのが木内のやり方だった。気がつけば、次の日に向けて寝る前に行うべき準備、練習が始まる前の準備、打席に入る前の準備を選手たちが率先して行うようになっている。いったいどのひと言をきっかけにそうなっていくのかが、いまだに思い出せないと島田。これも木内マジックの一手なのだろうか。

表舞台に登場した常総学院

木内は事あるごとに「甲子園は本当にいいところだぞ。成長させてくれるところだぞ」と選手たちに語りかけていた。実際にその言葉通りの場所だった。

常総学院にとって初の甲子園となる1987年春。島田は背番号1を付けて甲子園のマウンドに立つ。じつはこの時、常総学院は補欠校からの出場であった。前年秋の関東大会は、優勝した甲府工（山梨）に0－2で敗れて8強に終わるも、関東から辞退校が出たため、補欠筆頭の常総学院が繰り上がりで選出されたのだ。

甲子園では地元兵庫の明石に0－4で敗れ、初戦敗退。島田は11個の三振を奪う力投を見せたが、突然の出場決定で万全の準備が整わない中では本領発揮も難しい。それでも「甲子園のマウンドを踏めたことは大きな経験」と、最後の夏に向かって再加速していく。

「春は補欠校の繰り上げだったので〝夏は実力で行かないと〟と強く思いましたね。もちろん悔しさも残ったので、そこからは練習嫌いだった僕が一生懸命やりましたよ。同級生から『本当に練習をやらねえな』と言われても『抑えりゃいいんでしょ』とナメたことを言っていた僕がですよ」

春には後に巨人で活躍する仁志敏久が加入し、戦力はますます充実。見事に夏の茨城を制して甲子園に帰ってきた。甲子園では福井商との初戦に勝ち、常総学院としての甲子園初勝利を達成。これで勢いづくと、島田自身も波に乗った。

そこから、倒してきた相手が錚々たる顔ぶればかりだ。2回戦で前年夏の8強投手、沖縄水産の上原晃（中日ドラフト3位）との投げ合いを3安打完封で制し、3回戦では尽誠学園（香川）の剛速球右腕・伊良部秀輝（ロッテドラフト1位）と投げ合い、ここでも4安打完封で勝利している。準々決勝は中京（愛知、現・中京大中京）に初回4点を奪われるも2回以降は踏ん張り、8回に味方の逆転劇を誘発。準決勝では7安打1失点で東亜学園（西東京）の川島堅（広島ドラフト1位）にも投げ勝ち、あれよあれよと決勝進出を果たしたのだった。

最強世代のＰＬ学園

「監督も『常総の歴史を作るためにも、まずは1勝。ひとつ勝てば、後輩たちの高い目標にもなる。だから初戦で負けたら意味がない。ここから歴史を繋いでいくんだ』と言っておられたので、まずは初戦に勝つという思いが強かったです」

決勝戦の相手は、この年のセンバツ王者・ＰＬ学園である。木内にとっても、3年前に夏の決勝を戦った因縁の相手だ。

ＰＬは立浪和義（中日ドラフト1位）、片岡篤史（日本ハム91年ドラフト2位）、宮本慎也（ヤクルト94年ドラフト2位）、野村弘樹（大洋ドラフト3位）、橋本清（巨人ドラフト1位）と、後にプロ野球の世界で活躍する5選手が名を連ねた、破格のスター軍団であった。

さらに野村、橋本に加え青学大から新日鐵名古屋（現・日本製鉄東海ＲＥＸ）でプレーした岩崎充宏による「三本の矢」と呼ばれた投手陣は、当時では珍しい複数投手制を高校野球界に確立した先駆けとも言われている。様々な意味で、高校野球史上最強と呼ばれるだけのチームであった。

ところが、である。

「決勝戦も抑えられると思っていました。僕は情報に疎くて、当時のＰＬがどれだけ凄かったかを、まるで知らなかったんです。立浪が凄いとかプロ注目選手だとか、そういうこともまったく知りませんでした。僕自身が一番じゃないと気が済まない性格というか、根拠のない自信もあったんでしょうね」

ここまでの５試合をひとりで投げ抜き、準決勝で延長10回を戦った疲労もあったのだろう。さすがに力尽き、ＰＬ学園の春夏連覇達成を許してしまった。島田は残された力でなんとかマウンドに立ち続けたが、ここまで最多の13安打を浴び、２－５で試合終了。その点差以上に先制、中押し、ダメ押しと勝負所で畳みかけてくるＰＬ学園の強さを思い知らされる結果となった。

なお、１年生の遊撃手・仁志は中京との準々決勝で本塁打を放つなど、22打数８安打で打率・３６３。３試合で複数安打と活躍し、島田らが抜けた常総学院の屋台骨を支える選手へと育っていく。

98年の横浜日本一「やっとプロ野球選手になれた」

島田は高校を卒業後、ドラフト外で日本ハムに入団した。同期入団のドラフト1位は武田一浩（明大）で、島田の同級生にあたる芝草宇宙（帝京）が6位で入団している。球団は芝草と島田をSSコンビとして売り出すも、島田は在籍した4年間で思うようなパフォーマンスを発揮するには至らず。

「プロ入りした当初は、先輩方の〝プロの技術〟に圧倒されっぱなしでした。こういう世界でやっていかないといけないのか、と」

子供の頃からプロ野球選手になりたいと思ってはいたが「プロで活躍しないといけない」というふうに考え方を改めなければ、とても生き抜いていける世界ではない。

「当時のエースだった西崎幸広さんのブルペンを初めて見た時に〝うわぁ、この人バケモンだ……〟と思いましたね。キレといい制球力といい、本当に驚愕しました」

そうした環境の中で、どうすれば一軍に上がることができるのだろうか。島田は「できるだけ多くのことを盗んでやろう」と、一軍レベルの投手の一挙手一投足に目を凝らしていく。

4年目シーズン終了後に、トレードで大洋に移籍した島田は「いい転機になった」と前向きに捉え、横浜に乗り込んでいった。

移籍1年目に、さっそくプロ初勝利を達成するなどして2勝。横浜ベイスターズに球団名が変更された翌年には、プロ初完封を含む3勝を挙げている。1994年には中継ぎに転向。50試合に登板して9勝3セーブと飛躍を遂げると、翌年には中継ぎで自己最多となる10勝を挙げた。1996年に先発に再転向するも3勝にとどまり、翌年には再度中継ぎへ。キャリア最多の60試合に登板して最優秀中継ぎ投手のタイトルを獲得し、チームの2位躍進に貢献したのだった。

そして、1998年。横浜は38年ぶりの日本一を達成する。このシーズンも島田は54試合に登板して防御率2・36と抜群の安定感を見せ〝大魔神〟佐々木主浩へと繋ぐ盤石のブルペン陣の中でも、ひときわ大きな存在感を放ってみせた。

「前年に2位になっているので、チームが高い士気を持って臨んだシーズンでした。僕自身も、この2年間はかなり充実していました。強いチームで1年間、しかも、優勝争

1995年には中継ぎとして自身初の二けた勝利を記録すると、
1997年には最優秀中継ぎ投手のタイトルを獲得。翌年には
チームの38年ぶり日本一にも貢献

いをしている中で、一軍の戦力として仕事を全うできたわけですからね。一流とまではいかないけど、やっとプロ野球選手になれた。お金が稼げる選手になれたかな、と思えるようにはなりました」

しかし、日本一に貢献したことで、島田の中に張り詰めていたものが緩んでしまう。オフの練習量が減り「キャンプで体を作ればいいだろう」という安易な考えに支配されてしまったのである。

ヤクルトに移籍した2001年に53試合の登板で防御率2・91と、ここでもチームの日本一に貢献したのだが、その後は下降していくばかりだった。2003年、島田は近鉄で現役のユニフォームを脱ぐことになる。

権藤博と小谷正勝

日本一となった1998年の横浜を率いていたのは、投手出身の権藤博であった。現役時代は1年目に35勝を挙げ、最多勝、最優秀防御率、新人王、沢村賞を獲得するなど華々しいデビューを飾ったが「権藤、権藤、雨、権藤」という流行語が誕生するほどの登板過多が祟り、投手としては実働5年。2年目も30勝を挙げて最多勝に輝いたが、現役通算では82勝に終わり、100勝にも到達していない。

「何も言わない人でしたが、ひとりひとりの性格はちゃんと把握していましたね。ご自身が登板過多に苦しんだ経験があるので、当時のベイスターズでは〝中継ぎローテーション〟というものを確立して、僕らブルペン陣をすごく労わってくれました。ただ、中継ぎローテといっても勝ちゲームで投げる投手、負けゲームで投げる投手が決まっていたので、そこでも競争意識は植え付けてくれました」

権藤の口を出さない指導は、アメリカでのコーチ修行で培ったものと言われている。横浜のほかに近鉄やダイエー、古巣の中日で投手コーチを務め、投手陣を守るために監督と対立することもあったが、その教え子はみんな権藤を慕っている。島田もしかりだ。2017年には日本代表投手コーチとして、第4回ワールド・ベースボール・クラシック（WBC）にも出場した。

また、横浜とヤクルトで指導を受けた投手コーチの小谷正勝も、島田に大きな影響を与えたひとりだ。

「小谷さんもまた、何も言わない方でした。ブルペンをずっと見ていて、たったひと言だけですよ。本当にワンポイントアドバイス。『これができるようになれば、凄く伸びる』というポイントだけを口にされるんです。実際にそれができるようになれば、投手としては欠点がなくなるわけですから結果も付いてきますよね」

日本ハムから移籍したばかりの島田は「このままでは1年で終わる」という危機感の中でキャンプイン。しかし、アピールに必死になりすぎるがゆえに、ボールをコントロールできずにいた。ところが、それを見ていた小谷は「お前、いいスライダーを持っているな。これは使えるぞ」とだけ言って、肝心の制球力について触れようとはしなかった。長所を伸ばす、利点を活用する指導法は、島田の個性にもぴったりと合致した。この出会いが、その後のブレークにも繫がっていくのである。

4球団で投手コーチを務めた小谷は、大洋・横浜で後に日本一に貢献する佐々木や斎藤隆、そして三浦大輔（現DeNA監督）らを育て上げた。佐々木のクローザー転向を決断したのも、この小谷だと言われている。小谷の判断に従った佐々木は、MLBでも屈指のクローザーとなり、球史に残る大投手となった。

母校復帰へ

現役を引退した島田は、２００４年に日本ハムに復帰して打撃投手を務める。その後はＢＣリーグの信濃グランセローズ、四国アイランドリーグｐｌｕｓの徳島インディゴソックスで投手コーチに就いた。２０１２年には徳島の監督に就任し、指揮2年目に年間総合優勝を果たす。3年目にはリーグ前後期の完全優勝を果たし、ＢＣ王者の群馬ダイヤモンドペガサスとのグランドチャンピオンシップも制した。

その後、ＤｅＮＡに復帰して二軍投手コーチやベイスターズジュニアのコーチを歴任。再びＮＰＢでの野球人生を歩み始めた。しかし、２０１９年になって、母校の常総学院からまったく予期せぬ話が舞い込む。「高校の指導者というものを考えてはいないか？」という復帰オファーである。

「球団に残っていれば、スカウトとか現場のコーチとか、そういう仕事ができるわけですからね。やっぱりＮＰＢは日本野球界の頂点なので、そこに残りたいという気持ちの方が強かったです。学校には『現場に戻ることがあるかもしれないから、NPBを優先したい』と伝えたんですが『なんとか常総を助けてくれないか』と言われまして」

心が動いた。NPB在籍時も、母校の試合結果は常にチェックしていた。監督に復帰した木内が第二次政権下で初の甲子園に出場した2008年夏には、息子の隼斗がエースを務めていたこともあり、保護者のひとりとして携わっていた。しかし、甲子園優勝2回、準優勝2回を誇る茨城の王者も、その後は甲子園の出場回数が徐々に減少。2010年代の出場は春夏ともに3回ずつで、2016年の夏を最後に、とうとう表舞台から姿を消してしまうのである。

「オファーをいただいた時点で3年間、甲子園に出ていなかったんです。つまり、この間に在学していた子供たちは、甲子園を知らないまま卒業していったことになる。以前は3年間の高校生活のうち、必ず一度は甲子園に行けた学校だったんですよ。OBとしては当然悔しかったし、寂しい気持ちもありました」

コーチを務めていたDeNAベイスターズジュニアには、茨城の選手もいた。「将来はどこの高校に行きたいの?」と訊ねると、当然「常総です」と言うものと思っていたら「霞ヶ浦です」、「土浦日大です」という答えが返ってきた。「甲子園に出ていて、カッコいいと思ったから」というのが理由らしい。

「つまり、彼らには〝常総学院＝甲子園〟というイメージがないんですよね。そもそも、常総が強かったということを知らないんです。たった3年のブランクとはいえ、小学生にとっては凄く大きなこと。昔であれば『絶対に常総！』という声が大多数だったけど、今はそうではありません」

島田は学校側と話をしていくうちに、気持ちは母校復帰へと傾いていく。野球人として育ててくれた学校に対する恩義と、その恩を返したいという思いが強くなっていったのだ。そして「力を貸してくれ」と懇願する学校側の熱意に折れて「分かりました。一応、資格だけは取りに行きます」と、学生野球資格の回復を決意。事実上、これで島田の常総学院復帰が決定した。

意識改革、行動改革

こうして2020年3月に資格を回復した島田は、すぐに投手コーチとして常総学院での指導を開始。4月1日からは正式に同校の職員として採用されている。当時の監督は、内田靖人（楽天）、宇草孔基（広島）らを育てた佐々木力。2010年代6回の甲子園すべてで指揮を執り、通算9勝6敗。3度の8強進出を誇る。

「僕もいろんなところでコーチをしてきましたけど、もちろん高校生は初めて。まずはコーチをしながら高校野球を勉強していく時間が必要でした。佐々木先生もしっかりとした実績を残されている方なので、いろいろと学ばせていただきました」

しかし、コーチとして初めて足を踏み入れた母校のグラウンドで、島田は大きな違和感を覚える。「自分の知っている常総学院じゃないな」というのが第一印象だった。

「コロナ禍で普段通りの練習ができない状況だったとはいえ、まぁダラダラだったんですよ。キビキビした雰囲気はまるでなかった。〝あれ、どうしちゃったんだろう？〟と思って、ある日、主将に『今はこんな感じなのか？』と聞いたら『ハイ！』とハッキリ言われちゃって。『甲子園から遠ざかっているうちに、こんな感じになってしまいました』と。みんな言い訳しているな、と感じましたね」

当時はあくまでコーチという立場に過ぎない。しかし、夏の独自大会を3年生主体で行くという方針が決定したことで、1・2年生は島田が見ることになった。そこで「お前らが上になった時に、このままではダメだ」と、下級生の意識改革に着手する。

また、この頃の選手たちは、みんなが指示を待っていた。「常総学院なんだから、みんな言わなくてもできるだろう」と思ってチームに加入した島田にとっては、現実とのギャップは大きな驚きだった。

「でも、振り返ってみたんです。僕が入学した時のことを。彼らと同じように、言われなきゃ何もできなかったな、と。だったら、みんなに行動をさせようと思ったんです。『俺は同じ練習しかしないから』と言って、練習のセッティングの仕方とか、時間を決めて動くとか、まずは決まった練習メニューの中で、彼らにはそれに則った行動をしてもらおうと。いろいろ言っても、やっぱりポテンシャルの高い子の集まりだとは思います。ただ、行動がダラダラになっちゃっていた。『時間が決められている中で、さっさと動かないと練習ができなくなるよ』と言い続けていくうちに、行動の経験値が彼らの中で蓄積されていったのか、日に日に動きが早くなっていきましたね」

意識改革と行動の仕方。チーム作りのために、まず手を打ったのは「初歩の初歩」。ごく当たり前の考え方、動き方を指導することからのスタートだった。

ブルペンで無言を貫く理由

2020年夏の独自大会が終わると、島田は監督に就任した。コーチ着任とともに手を加えた意識と行動の変革をさらに徹底させつつ、練習の効率化を推し進めていく。

平日の練習は2時間半のみ。全体練習とは、あくまでチームとしての練習を指す。それ以外の時間に各自で取り組んでいることが、本当の練習だと島田は説く。

「ダラダラやるのが嫌いなので。ダラダラやっていては集中力も身に付かないし、だいたい高校野球の試合が2時間か2時間半ですよね。それと同じ時間を集中できないようでは、まるで話になりません。選手たちも物足りなさを感じているかもしれないけど、だったらその足りない部分は自分たちで考えて埋めていかないと。〝やる、やらない〟は個人の自由だから、やりたくなければ、それでも構わないんです。ただ、当然やっている人間には差を付けられたり、追い越されたりしていくのだから、自ずとチャンスがなくなってしまう。そのことだけは理解してほしいですね。練習嫌いだった僕が言うのもどうかと思うんですけど（笑）」

大会前を除き、日々の全体練習もほぼ同じメニューを繰り返している。選手には「これはチームとしてやっていくことだから」と伝え、全員で意図を共有していかねばならない。しかし、同じ練習を繰り返していくうちに、選手たちも慣れてくる。チーム内にダレた空気が漂い始めれば、島田が雷を落として引き締めにかかるのだ。

練習中の島田は、頻繁にブルペンに足を運んでいる。大会前などの「大事な時期」は、ほぼ入り浸っているという。

「ブルペンでは小谷さんと同じように、ただ黙って見ています。何も言わずにジーッと見ているだけなので、投げている子供たちは不安になるでしょうね。〝いったい何を考えているんだ〟と。でも、それも指導かなと思います。彼ら自身が、自らを客観的に分析していく力も育てたいので。NPBや独立リーグで指導していた時も、このスタイルでした。NPBはできる子たちばかり。独立の子はNPB入りを目指しているので、そこに向けて大事なことはアドバイスしていましたけどね」

現役時代の島田は、肩や足は故障しないものだと思っていた。ところが、現役最終盤には肩が上がらなくなり、足もすぐに攣ってしまうようになる。理由は「練習不足」だとすぐに分かった。それだけではない。島田が32歳という若さで引退を余儀なくされた要因のひとつが「体の管理不足」だった。この失敗経験を活かし、選手には「アフターケアの重要性」を根気強く説いているのだ。

「自分ではアフターケアをしていたつもりでも、超一流と呼ばれる人たちに比べたら、全然足りていませんでした。だから子供たちには『ストレッチは大事だよ』と言い続けています。それに高校生は朝起きてすぐ、何の準備もせずに体を動かそうとするけど、それでは危ない。『ちゃんと体を温めて、ちゃんと準備をしておかないとダメだよ』と、その危険性を、経験に基づいて伝えることもできます」

勝負根性を見せつけろ

プロ野球という勝負の世界で生きてきただけに、選手たちには常に「結果」を求めている。しかも「結果が出ないと使わない」と、ハッキリ伝えているのだという。その中で、全力疾走といった当たり前の行動も疎かにしてはいけない。

ほかでもなく、島田自身が結果と戦っている。「元プロだから勝てるだろう」というプレッシャーの中、学校サイドから「そんなに慌てなくてもいい」と言われてはいるが、そこは元プロ野球選手としての勝負根性がうずくらしい。

「プロでは一年一年が勝負だと思って生きてきたので、こうやってチームを預かった時から『まずはこの代で勝負だ』と思って指導しているつもりです。監督である以上、そう思わないと選手たちにも申し訳ないじゃないですか。仮に『3年以内に』と言ってしまうと、その間にいる1、2年目の子供たちはどうなるの、ということになりますから。もちろん勝負事なので勝ち負けはあります。でも、仮に勝てなかったとしても『やっぱり常総は違うね』と言ってもらえるようにはならないと。そこは絶対に譲れないポイントだと思います」

恩師の木内も、極端な負けず嫌いだった。しかし、指導者は負けず嫌いな方がいいと島田は言う。プロは結果が伴えば何年でもプレーできるし、結果が出なければ簡単にクビを切られる世界。しかし、高校生は2年半という限られた時間の中で、結果を残していかなければならない。この2年半の間に「勝負すること」を続けていかなければ、高校野球としてのチームのレベルは上がっていかないと考えている。

島田は就任して初めて臨んだ秋季大会で、県準優勝を果たした。そして県2位で臨んだ関東大会では、選手たちに「絶対に勝て！」と強烈なハッパをかけて勝負に臨んでいる。勝てばセンバツ出場に大きく前進する準々決勝、木更津総合（千葉）戦の前には、その檄も一段と熱を帯びた。

「こんなチャンスは滅多にないんだから。チャンスはモノにしないとダメだ。ここは絶対に勝たなくちゃいけないいからな。もう一度言う。ここまで来ても、負けたら何の意味もない。今日は絶対に負けちゃいけない。絶対に勝て！」

選手たちは指揮官の猛檄に応え、17安打9得点の大勝を飾り、難敵を下した。4強入りしてセンバツはほぼ当確。さらに、準決勝の東海大甲府（山梨）戦も10－0の6回コールド勝利。決勝進出でセンバツ出場は確実なものとなった。

「勝てばいいことが待っているし、負ければチャラになってしまう。横浜で日本一になった1998年といえば、セ・リーグは巨人、そして野村克也さんが率いたヤクルトが強かった時代です。ベイスターズが優勝するなんて、ほとんどの人が思っていなかったんじゃないですか。でも、前評判が決して高くなくても勝てる。そこは2020年秋の常総と被る部分ですよね。だから勝負事は、最後まで諦めないことが大事だということを、22年ぶりに思い出した気がしました」

負けて得る課題を克服する

秋の茨城大会、関東大会で、島田は高校3年夏以来となる33年ぶりの高校野球を戦った。プロ野球とは違った一発勝負のトーナメントである。「負けられない」というプレッシャーは想像以上だったという。しかも、島田の場合は「元プロ監督」という目で見られることになるし、何よりも「常総学院」というブランド力が重く圧し掛かった。

「そりゃプレーしている方が楽ですよ。県大会は胃が痛くて、関東大会に行ったら眠れなくなりました。こういうふうに、高校の監督さん方は苦しんでいるんだなと思いました。何十年もやっていらっしゃる方は、本当に尊敬します」

ペナントレースのように、公式戦の中で負けゲームを作ることができない。ただ、負けを経験することで、チームが強くなっていったのも事実だ。秋の県大会前には、27個のアウト中19個のフライアウトを打ち上げて敗れた試合があった。課題は明確だった。

「これが結果だよ。こんなんじゃ、勝てるわけがないよね」
その後、島田はコンパクトにセンターに打ち返すというテーマを設定し、秋の大会へと向かう。選手たちは突き付けられた課題を克服し、打線の繋がりが格段に向上。決勝進出を支える力ともなった。決勝では鹿島学園（茨城）に延長11回サヨナラで敗れたが
「初回に奪われた3点を追い付くだけの力が付いてきた。この間の成長を証明してくれました」と島田は言う。また、決勝進出で関東大会出場が決定したため、優勝を狙っていながら島田の中に微かな気の緩みが生じたことも、素直に認めている。
準優勝に終わった関東大会は、初戦から9、9、10、7点と得点力を見せつけたが
「ヒットはほぼ単打でした」と島田が言うように、初戦が9安打中7本、以降17安打中13本、13安打中11本。13安打中9本が単打だった。本塁打はゼロである。決勝での2発を含む4試合8発で優勝した健大高崎（群馬）とは、じつに対照的な攻撃力だ。
「もちろん走者がいた時に食らうホームランは別ですけど、ソロの一発って、投手サイドから見たらそれほど痛くはないんですよ。僕が投げている時には、一発よりも繋がれることの方が嫌でした。だから逆の立場に立って、選手たちに言うんです。『繋いでいけば、相手は投げるところがなくなるぞ』と」

このように、選手たちに言い聞かせてきたことが形になった秋だった。そして選手たちは、負けて浮き彫りになった課題を次の大会までにクリアし、結果に繋げていけるだけのたくましさを島田に見せつけたのである。試合中も「センター返しだ」、「繋いでいくぞ」と、選手の方から口に出して言うようになった。この点を、島田はチームとしての成長と見ている。

次なる課題も見つかっている。関東大会で目立った走塁ミスの撲滅だ。

「練習試合で勝ってばかりだと、何もやらなくなっちゃうのかな。もちろん勝つことは大事ですけど、負けて学ぶことも多いんです。語弊があるかもしれませんけど、秋は負けても次がある状況で負けているから、その負けをすぐ次に活かすことができたことが大きかったです」

これはチームにとって、決して悪いスパイラルではなかったはずだ。

メンバー外の底上げ＝組織力強化

関東大会の準優勝で、2021年のセンバツ出場を確実なものとした島田は、ここでチームを〝解体〟した。

「大会が終わった瞬間に、選手たちには『これでいったんリセットね』と伝えました。やはりプロの世界にいたので、僕の中では競争意識が高いんだと思います。競争がなければ、チームのレベルは絶対に上がってきませんからね。メンバー外の子が『どうせレギュラーは決まっているんでしょ』と思っているチームは、レベルアップが難しいでしょうね。また、そうやって思っている子は、新しく入ってくる下級生にも抜かれていきますよ。メンバー外の子の底上げなしに、チームが強くなることはありえません」

近年の常総学院は、各学年30人ほどで推移しているが、島田はかつてのようなグループ分けをせず、紅白戦もメンバーとメンバー外をミックスした編成で行っている。しかし、チャンスはどの部員にも平等に与えられているにもかかわらず、島田は物足りないと首をひねるのだ。

「昔みたいにAからCぐらいまでに分けて、僕がAだけを見ていればいいのかもしれませんが、それではA以外の子にはチャンスがなくなり、底上げもできません。才能を眠らせたままの子を見出し、見極めることもできなくなります。だから練習も試合も、同じことを全員にやらせているんですが『ここまでしてくれているんだから頑張る』ではなく、『失敗しても次がある』みたいな甘い考えが垣間見える時があるんです」

島田はDグループに組み入れられて入学したが、最終的には甲子園でエースナンバーを背負うところまで上り詰めている。自身が経験したからこそ、そういった成功例があることを誰よりも知っているのだ。それだけに「もっと必死になってアピールしてこいよ」と、ため息をついてしまうのだろう。

「子供たちには『チャンスなんて、そう簡単には訪れるものではないよ』と言いながら、すぐにチャンスを与えてしまう（笑）。プロは個人事業主なので、自分さえ良ければいいんです。でも、高校生はそういうわけにもいきません。このへんのバランスの取り方が凄く難しくて、今は勉強している最中です」

好投手の条件

投手出身の島田だけに、投手に求める資質には明確な基準がある。

まずは、しっかりと腕が振れること。

「打者に聞くと、制球力が悪い投手よりも、しっかり腕を振ってくる投手の方が嫌だと言うんですよね。たとえば、実際はそれほどのボールではなくても、しっかり腕を振ることで〝ボールが来ている〟という錯覚に陥る。凄いボールに見えちゃうんです。だから『困った時には腕を振ってど真ん中だ』と子供たちには言っていますね。前に飛べばなんとかなる。たとえ捉えられたとしても、打球が正面を衝く可能性だってあるわけですから。四球だと、何も防ぎようがありません」

もうひとつは、絶対的な自信のある変化球を備えていること。ストライクが取れる変化球。出し入れができる変化球。勝負球としての変化球。球種はカーブであろうが、スライダーであろうが、何であっても構わない。少なくとも、高校野球レベルであれば、それだけで充分に通用すると島田は言う。

「今の高校生って、持ち球だけは多いんですよ。チェンジアップ、ツーシーム、カットボール……。でも、それらはただ持っているだけで、その子の中で完璧なものにはなっていないケースがほとんどです。だったら、その中のひとつでいいから、完璧な変化球を作ってほしい。たとえば、二死満塁でサヨナラのピンチ。しかも、3ボール2ストライクのフルカウント。そういう状況でストライクが取れる変化球、自信を持って投げられる変化球を作ることが大事です。プロ時代の僕も、スライダーのみでやってこれましたからね」

２０２０年ドラフトでオリックスに1位指名された山下舜平大（福岡大大濠）は、監督の指示で「高校時代はカーブ限定」という制約を設けられたが、最終的には球速の速いパワーカーブ、抜いたカーブ、軌道を変えたカーブなどをモノにしただけでなく、ストライクを取るためのカーブ、打者を崩すためのカーブ、勝負球としてのカーブを状況に応じて使い分けられるまでになった。

「それぐらい極端な指導でもいいと思うんです。三振が欲しい場面、打たせて取りたい場面でひとつの球種を使い分けられることが、投球技術にも繋がってくると思うので。ひとつの球種で出し入れができるのであれば、それこそ簡単に投球できますからね」

“スランプがない部分”をチェックせよ

島田は選手のスカウティングにも挑戦している。現在の部員構成は茨城県内、外の出身者がほぼ同数だが、秋の関東大会準優勝、5年ぶりの甲子園出場という結果を手にしたことで「ここがチャンス」とばかりに攻勢をかけていこうという目論見だ。

「2021年に入学してくれる子供たちは、僕が直接見ていないので、実質は2022年の入学組からになります。過去には常総学院の名のもとに選手たちが集まってくれるという時代もありましたが、今は決してそうではない。仮に僕の名前を利用してひとりでも多く来てくれるのであれば、それはそれでチャンスだと思います。今の子供たちは僕のことも、僕がプロだったことも知らないでしょうが、彼らの親御さんには僕のことを知っていただいている方もいるようなので」

ちなみに島田の琴線には、どういう中学生選手が触れるというのだろうか。

「ひとめ惚れじゃないでしょうか。第一印象だと思います。パッと見て、肘の使い方がいいなとか、足の運びや腕の振りを見て抱く印象によって『この子が欲しい！』となるでしょうね。野手であれば、やっぱり足が速い子ですね。打力のある打者を並べても、打線は水物。それなら小技や足といった〝スランプがない〟部分を見てしまいます。もちろん投手目線で見ることもあります」

最近は、大人顔負けの体格を備えた中学3年生も少なくない。島田は、NPB側にいた当時から「羨ましいな」との思いで彼らを見ていたという。「俺にこの子ぐらいの体があったら、いったいどうなっていたのかな」と、中学校時代の自分と体を入れ替えて考えてみたこともあった。

逆に島田自身がそうだったように、高校に入って体が大きくなる子供もいる。体が大きくなる時期については個人差もあり、中には急激に大きくなる者もいる。今後は中高生の体の成長を目の当たりにしながら、知識に変えて、さらには指導のための引き出しに変えていきたいという。

根幹にあるのは木内幸男の野球

「いろんな経験をしてきたので、引き出しもたくさん持っているつもりですが、それでも僕のベースにあるのは木内監督なんです。当時は茨城弁がひどくて、僕も一応返事はしていたけど、正直何を言っているのか分かりませんでした（笑）。でも、木内さんの仰っていることって、後になって〝あぁ、こういうことだったのか〟と気づくことが多いんです。3年生になって、木内監督は準備の大切さを言っていたのかと気づいたり。準備という部分は、とくに影響を受けていますね」

島田は常総学院のコーチに就任する際、木内のもとへ挨拶に訪れている。

「やっとOBが戻ってきてくれた」

と言って、木内は大いに喜んでくれた。

「相当なプレッシャーを感じると思うけど、頑張れよ」

という言葉は、正直意外だったと島田は言う。

「木内監督もプレッシャーを感じながら現場に立っていたのか、と。少なくとも、僕らにはそういうふうには見えませんでした。おそらく、見せないようにしていたのかもしれません。勝ち負けには厳しい方でしたが、それでも負けたらすぐに『次だ！』と切り替えるのも早かった方なので」

関東大会の終了後も、準優勝を報告するため、すぐに木内のもとへと向かった。この頃の木内は肺がんが進行し、すでに手の施しようがない状況にあった。人工呼吸器を装着してベッドの上に横たわったまま、肺には穴が開き、声を絞り出すのもやっとの状態である。

それでも駆けつけた島田に対して、木内は渾身の力を振り絞って言った。

「よくやった。島田、偉い！」

そのひと言が、純粋に嬉しかった。

「現役時代を通じて、怒られてばっかりで、褒められたことなんて一度もありませんでしたから。声を発すること自体、かなり苦しかったはずなんです。それなのに『よくやった！』と褒めてくれて。驚きましたけど、本当に嬉しかったです」

結局、このやり取りが木内との最後の会話となってしまった。２０２０年11月24日、高校野球史に燦然と輝く希代の魔術師・木内幸男、永眠。

「たとえベッドの上からでも、春の甲子園で常総学院のユニフォームが躍動する姿を見守ってほしかったです。そうしてもらえると思っていたし、采配についても褒めてもらったり『あの場面はダメだ』だったり、手厳しくダメ出ししてほしかった……」

目標は「甲子園40勝」

木内の死後、島田は「自分がどういう監督になっていくべきか」を考えることが増えたという。

そして、どうすれば木内に近づくことができるのか。甲子園通算40勝、優勝3回、準優勝2回。もちろん、これは容易に超えられる戦績ではない。

ただ、島田は「近づくことができれば、超えていくこともできるのではないか」と言う。そう、子は親を超えていかねばならないのだ。

「僕が高3の時には、木内監督もまだ56歳だったんですよね。つまり、取手二で優勝した時は、53歳だった。2021年の僕が51歳なので、年齢がほぼ一緒なんですよ。ということは、僕が今からスタートして、80歳ぐらいまで監督ができるのであれば、そここそイケるんじゃないかと思ったりもして」

木内は取手二で8勝しているが、1984年の全国制覇以前には3勝。島田の甲子園初采配は51歳で、同じ51歳当時の木内はといえば、わずか1勝のみだ。

「ただ、毎年2勝したとしても、10年間出場を続けて20勝ですよね。じゃあ、春夏ともに行って2勝ずつしたとしても、10年も出続けないといけない。そう考えると、やっぱり木内監督は凄かったんだなぁと思います。でも、僕だって勝負の世界で生きてきた身ですから、木内監督の勝ち星は目標として意識し続けたいし、負けたくない気持ちも強いです」

しかし、選手たちに「先を見据えるのもいいけど、まずその日の相手を倒さないと先はないわけだから」と言っている以上、当面は目の前の課題をひとつひとつクリアしていくことを優先すると島田は言った。

「それに、常総学院では持丸修一監督（現・専大松戸監督）や佐々木監督といった方々が、目の前に目標とする木内監督がいる中で、素晴らしい成績を残されています。まずはそこに追い付かないと」

恩師に捧げる甲子園初勝利

島田が率いる常総学院は、2021年の第93回センバツに出場する。元プロ野球選手の1年生監督は、甲子園の大舞台でどんな采配を見せてくれるのだろうか。木内ばりのマジックを繰り出してくるのか、それともカラーのまったく違う、新しい常総学院を見せつけようとしているのか。

「守備位置の指示は、結構出しているかもしれませんね。場面に応じて、極端な守備位置を指示することもあるかもしれません。データも凄く大事だと思いますけど、そこにはあまり囚われないようにします。木内監督も、データ通りに試合を進めて『違うじゃん』となるのが嫌で、感性を大事にされていました。そこは踏襲していくでしょう」

島田はチャレンジャーを強調する。過去は過去。すでに常総学院という名前に酔っていられる立場にはないと言った。たとえ初戦で大阪桐蔭のクジを引いたとしても「相手はどこもウチより強い。一番初めに一番強いチームとやれるなら最高だ」と、泰然と受け入れる姿勢だ。

しかし「勝負事だから、やってみないと分からない」とも言う。圧倒的不利との下馬評を覆して、桑田・清原のＰＬ学園やダルビッシュの東北を沈めた木内が、それを証明してくれたのだ。

甲子園で1勝でもすれば「天国の恩師に捧げる勝利」という見出しが、スポーツ紙面を飾るであろうことは目に見えている。でも、それでいいと島田は言った。

「〝木内監督のためにも〟という思いは、やっぱりあります。僕は木内監督に、甲子園に連れていってもらいました。今度は僕が連れていってあげられる立場に立たせてもらえるのだから、そこはこれからもモチベーションにしていきたいですね」

名将の後継者として、元プロ監督として、今後も注目を集め続ける島田直也。高校野球の監督としては、まだまだ若葉マークだ。チーム作りのノウハウや指導方法は、これからひと夏ごとに確立されていくことになるのだろう。

島田は選手時代、常総学院で初の甲子園勝利を木内に捧げた。そして監督となった今、常総学院の令和初勝利を、天国で見守る師匠に手向ける。

第2章

東海大菅生

若林弘泰 監督

プロ野球出身の「教員監督」
「魂と闘志」を注入し西東京に深紅の大旗を

若林弘泰《わかばやし・ひろやす》

1966年4月22日生まれ、神奈川県茅ケ崎市出身。東海大相模～東海大～日立製作所～中日。現役時代は投手としてプレー。大学2年春に首都大学リーグの最優秀投手賞を獲得。その後、肘の手術を経て日立製作所に入社し、2、3年目に都市対抗8強入りを果たす。1991年のドラフト4位で中日に入団。4年目の1995年に中継ぎで17試合に登板した。現役引退後は佐川急便の勤務、中学女子のソフトボール部監督などを経て、2007年に東海大菅生に社会科教諭として着任し2009年に監督となった。2015年春に甲子園初出場し、2017年夏には4強進出。3度目の甲子園指揮となる2021年春に日本一を目指す。

頑固親父

「オメーら、悲劇のヒーローぶってんじゃねえ」

新型コロナウイルスの感染拡大によって甲子園大会を奪われた高校生たちに対し、多くの人々が同情的な感傷を抱く中で発せられたひと言である。そして、それを発したのが現場の最前線に立つ強豪校の監督だっただけに、その衝撃度はじつに凄まじいものがあった。

東海大菅生、若林弘泰。２００９年の監督就任以降、チームを強豪ひしめく西東京のトップランカーに定着させた、元プロ監督である。２０１４年からは3年連続で夏準優勝。「あと1勝の壁」を突破した２０１７年夏は、全国的に注目された清宮幸太郎の早稲田実を決勝で破り、甲子園でも4強入りと大躍進を遂げている。

「東西決戦」となった２０２０年夏の独自大会では、東東京優勝の帝京に勝ち頂点へ。その年の秋も東京都を制した。「西東京の両横綱」日大三、早稲田実に割って入ったというよりは、すでに東京都全体を支配下に置いたかのような勢いである。

東京王者とは、帝京の前田三夫や日大三の小倉全由を例に見るまでもなく、全国からの熱い視線にさらされることを宿命づけられている。２０１７年夏の４強進出以降、注目度が増している東海大菅生と若林も例外ではない。それだけに「悲劇のヒーローぶるな」という言葉のインパクトは絶大だった。この言葉を受けて「若林弘泰」という元プロ監督の個性を、さらに深掘りしてみたいと思った。

「生徒から、厳しい頑固親父だと思われてもいいんじゃないですかね。〝地震、雷、火事、親父〟で。生徒を思って真剣になればなるほど、そうなっていくはずなんですよ。だって、なんとも思っていない人には優しくできますもん。そこをみなさん、履き違えていらっしゃって、優しい人はみんな良い人だと思っているんです。だから、生徒には言いますよ。『優しい人には気をつけろよ。お前らのことなんて、なんとも思ってねぇからな』と」

初対面で向かい合っても、若林の強烈さはビリビリと伝わってくる。高校野球の指導者として、若林の中に揺るぎない信念があるからなのだと思う。まさに、想像した通りの人物だった。そして、その苛烈さも、なぜか妙に心地良いのである。

「昔、見ていたテレビ番組で、池田高校の水野雄仁さん（現・巨人スカウト）が『ライバルは誰ですか？』と聞かれて、色紙に当時の監督だった『蔦文也』と書いて『このオヤジを黙らせたい』と言っていました。僕はそんな蔦さんのような立場になれたらいいなと思っているんです」

まずは指導者、若林の骨格を作り上げたその経歴を、あらためて振り返ってみたい。

苦しんでいる者の気持ちは、手に取るように分かる

若林の出身は神奈川県。遠く海上に烏帽子岩を望む、砂まじりの茅ケ崎である。高校は憧れの存在だった原辰徳と同じ東海大相模に進学した。主戦級投手として活躍し、2年秋、3年春と県4強に進出したが、甲子園出場を果たすことはできなかった。

大学は東海大へ進んだ。2年春の首都春季リーグで防御率0・00という圧巻の成績で最優秀投手賞を受賞するも、その後は右肘手術の影響もあって、実働は4年8季中5季にとどまる。それでも14勝を挙げ、通算防御率も1・78という好成績を収め、卒業後に

は社会人野球の日立製作所に入社した。会社に在籍した3年間は、いずれも都市対抗に出場。2、3年目は8強入りを果たした。

その後、1991年のドラフト4位で中日に入団した。

「1年目は一軍のキャンプに参加して、順調なスタートを切ったんです。〝こんなもんで行けるのか〟と思っていたら、開幕をファームで迎えることとなってしまって。さらにシーズンが始まると、ファームの2戦目か3戦目で結構打たれちゃって、今度は〝え、ファームでこんなに打たれてしまうものなのか⁉〟と戸惑っているうちに、肩が痛くなってきたんです」

大学時代に受けた肘の手術の影響で、その後の大学、社会人と慢性的な右肩痛に悩まされていたのである。「1、2年目は本当に散々だった」と振り返る若林。大学、社会人を経て入団した選手は、即戦力として大きな期待をかけられるものだ。2年目まで一軍登板ゼロの若林は危機感を抱き、ここで本格的に筋力トレーニングを開始する。

3年目には、トレーニングの成果もあり、プロ入り後初めて怪我なくシーズンを乗り切ることができた。二軍のコーチ陣からも「これなら一軍に行ける」と太鼓判を押されていたが、その年は球史に残る巨人との「10・8決戦」が行われた1994年シーズンだ。ペナントレースの最終戦まで優勝争いがもつれる状況が続いたため、結局若林の昇格は見送りとなり、その年も一軍登板はゼロに終わってしまう。

しかし、翌年春には一軍から声がかかり、アリゾナキャンプに参加。そして、1995年の5月13日。ナゴヤ球場で行われた阪神戦の3回二死から1／3イニングを投げて無失点。これがプロ入り4年目にして、念願の一軍デビューとなった。この年、若林は中継ぎで17試合に登板して1勝を挙げるも、20イニング1／3で22失点（自責20）。終わってみれば、防御率8・85と、不本意な成績に終わってしまう。その後は、再度の一軍登板を果たせぬまま1997年いっぱいで現役を引退。31歳の若さで、プロ野球界に別れを告げることとなる。

「二軍ではきっちり投げられるということは、一軍でも同じ投球ができればそこそこやれたはずなんです。でも〝一軍に行ったら、もっと凄いボールを投げないといけないんだ〟とか〝もう二軍には行きたくない〟とか考えてしまって、どんどん狂っていったんですよね。僕はプロで全然ダメだったので、今でも苦しんでいる奴の心理は痛いほどよく分かるんです」

星野仙一の男気

若林が入団した当時、中日の監督は高木守道であった。高木といえば中日一筋で通算2274安打を放ち、堅実かつ華麗な守備でファンに愛された「ミスタードラゴンズ」である。「プロ野球史上最高の二塁手」と呼ばれ、監督としても6季にわたって指揮を執った。若林の入団は、高木の監督初年度であった。

「高木さんは人間性が素晴らしく、とても紳士な方。その反面、めちゃめちゃ気が短い人でした」

というのが、駆け出しの若林が抱いた印象である。

この頃の中日といえば、今中慎二、山本昌の両左腕がバリバリの全盛期である。今中は1993年に17勝を挙げて最多勝、247個の最多奪三振とふたつのタイトルを獲得。最そして、同年の沢村賞に輝いた。山本昌も今中と並んで1993年の最多勝を獲得。最優秀防御率のタイトルを獲得したほか、当時は連盟表彰がなかった最高勝率も記録した。

1991年のドラフト４位で中日に入団。プロ入り後は肩痛に泣かされ続けるも、４年目の1995年に一軍デビューを果たして初勝利を挙げるなど、17試合に登板

最後まで今中とハイレベルな沢村賞争いを繰り広げたが、最終的には30試合に先発して14完投という凄まじいタフネスぶりを発揮した今中に軍配が上がっている。しかし、山本昌は翌1994年に19勝を挙げて最多勝に輝き、今度は文句なしの沢村賞を受賞したのだった。

過去2度の最優秀救援投手に輝いた郭源治も、先発にまわり健在ぶりを見せつけていた。1992年には開幕投手を務め、巨人と熾烈な優勝争いを繰り広げた1994年には最優秀防御率のタイトルも獲得している。これだけ充実した投手陣の中で、若林は居場所を見出そうと奮闘していたのである。

1996年には、若林の入団と入れ替わるように退任していた星野仙一が監督に復帰。第二次政権を発足させた。中日、阪神、楽天で17シーズンにわたって指揮を執った星野は、リーグ優勝4回、日本一1回。1181勝を挙げた名将であり、激しすぎる気性のあまり通算6回の退場処分を受けた当代きっての闘将としても知られている。

「星野さんは凄く面倒見のいい方でした。僕はほとんどファームにいたので、最初はずいぶんと離れた距離で見ていたんですが、その距離が近くなればなるほど、知れば知るほど、めちゃくちゃ優しくて魅力がある人だということが分かってくるんです。だから、人が付いていくんじゃないですか。引退する選手の再就職先も、ずいぶんとお世話していましたから」

現役最終年となった1997年の若林は、ファームとはいえ絶好調を維持していた。「おそらく二軍成績はキャリアハイだったと思う」と言うほど、肉体的には充実期を迎えていた。この年、一軍は最下位に沈んだが、それでも若林は一軍からの〝お呼び〟がかからず。投手としては非常に良い状態で戦力外を通告されてしまったわけだが、引退後に佐川急便で働く道を用意してくれたのは、ほかならぬ星野仙一であった。

「覚悟」なき者にチャンスは訪れない

引退後のセカンドキャリアとして「アマチュアなら監督を、プロに残るならトレーニングコーチをやりたい」という希望を持っていた若林だったが、星野の紹介で佐川急便中京支社に就職。そこには中日時代の同僚も数名在籍しており、トラックの配送を務めるかたわら、軟式野球部でもプレーした。

ある日、知人の子供が岐阜県の麗澤瑞浪高校に入学するということで、若林も一緒にグラウンドを訪ねた。監督は、東海大相模時代の先輩だった。何気なく遊びに行ったつもりの若林だったが、グラウンドに一歩足を踏み入れて練習風景を見た瞬間に、大きな衝撃が全身を駆け巡るのだった。

その監督は、小中高と同じフィールドで野球をしてきた先輩だが、高校時代は準レギュラー的存在で、高校野球の引退とともに選手としてのキャリアを終えていた。当然、大学、社会人、プロと進んだ若林には「野球では常に自分が勝ってきた」という自負がある。しかし、結局はその先輩が、若林の目指した監督業をやっているのだ。

「嫉妬とかではなく、羨ましかったですね。そこでようやく〝俺がやりたかったことは、これじゃん。俺はトラックの運転手ではなく、野球に携わりたかったんだよな〟と気づきました」

その直後に開催された東海大相模のOB会に出席した若林は、先輩の角晃司に相談を持ち掛ける。原辰徳の1学年後輩にあたる角は、強打の外野手として2年夏、3年夏の甲子園に出場。東海大では全日本大学野球選手権、明治神宮大会に計6回出場し、三菱ふそう川崎時代には都市対抗に5度出場。日本代表も経験した。現在は仙台城南（宮城）の監督として、甲子園出場を目指している。

角からは「野球が終わっても、そうしてちゃんと仕事ができているんだから、本当によかった」と肩を叩かれたが「でも、本当は野球がしたいんですよね」と、思わず本心を漏らす若林。すると今度は、角からの手厳しいアドバイスが返ってきた。

「仕事をやりながら、ただ漠然と『野球がやりたい』なんて言っている奴には、絶対に話なんて来ないから」

その時に、角が例に挙げたのが野村昭彦（前・環太平洋大監督）の存在だった。プロ野球の広島で通算２０２０安打を記録し、監督も務めた野村謙二郎を兄に持つ野村は、駒大を卒業後に社会人野球の日本石油（現ＪＸ－ＥＮＥＯＳ）で選手、コーチを歴任後に退社。その後は母校の駒大でコーチを務めていた。

「彼は妻子を実家に預けて、貯金を削りながら指導者になろうと必死にやっている。それぐらいの覚悟がないとダメだ」

あらためて「失うものはない」と覚悟を決め込んだ若林は、自宅から近かった名城大で学び始める。この間、星野のマネジメント会社に勤めたほか、近隣中学校の女子ソフトボール部を率いて全国大会に出場するなど、様々に活動しながら2年間で教員免許の取得に成功したのだった。

ＮＰＢ側の研修（４講座）、学生野球側の研修（12講座）計３日間を受講し、適性検査を経て学生野球資格が回復するという現在とは違い、教員免許を取得後に採用を受け、教諭歴２年を経なければ資格回復は認められないという厳しい時代だ。長年にわたり、プロ野球出身者の前に立ちはだかり、彼らを悩ませ続けていた学生野球の高い壁を、若林は強い覚悟を持って乗り越えてみせた。つまり、若林は近年では珍しい、旧制度のもとで学生野球の世界に戻ってきた指導者なのである。

「もう少し選手と会話をしてください」

教員免許を取得したのは39歳の時。「東海大系列へのこだわりはなく、むしろ全然考えてもいなかった」という若林だが、大学時代の恩師、岩井美樹（現・国際武道大監督）の手引きもあり、２００７年に社会科教諭として東海大菅生へ赴任した。もちろん、２年後の監督就任を前提とした採用である。当時の東海大グループは「元プロ」という経歴を持った監督がいなかったため、そこも採用の大きな決め手になったはずだと若林は言う。

横井人輝によって4度の甲子園出場を果たし、強豪校の仲間入りを果たした東海大菅生。しかし、若林が赴任した頃には、すでに横井の東海大監督就任が決まっていた。なお、大学監督としての横井は、リーグ優勝15回。菅野智之（巨人）や田中広輔（広島）といった一流プロを育てるなど、在任19シーズンで圧倒的な成果を収めている。

若林の監督就任は2009年である。その年の春は3回戦で都立日野に3‐19と大敗し、夏も2回戦で都立の調布南に2‐3で敗れた。しかし、秋には決勝に進出。山崎康晃（DeNA）が控えに名を連ねた帝京に1‐13と完敗を喫したものの、就任最初のシーズンとしては上々のスタートと言っていいのかもしれない。

「東京都の決勝ですから、いきなり甲子園を賭けた立場まで行ったわけです。そこで〝簡単に勝てるじゃないか〟と、勘違いしてしまったんですね。でも、代わりっぱなって、案外勝てるものなんです。案の定、その後は大いに苦しみましたけどね」

翌年からは、ますますチームとして洗練していったものの、反比例するかのように勝利からは遠ざかってしまう。2010年は春が3回戦（初戦）、夏も3回戦、秋は春に続く初戦敗退である。翌年も夏に4回戦まで進んだが、春秋はいずれも初戦敗退に終わってしまった。西東京の8強戦線に浮上して上位に定着を始めるのは、就任5シーズン目を迎えた2013年春以降のことだ。

「振り返ってみると、あの頃はずいぶんコーチ任せにしていましたね。自分では彼らと同じように生徒と接していたつもりでしたが、スタッフから『もう少し選手に近づいてください。もっと会話をしてください』と注意されたこともありました」

技術指導ばかりに走りすぎていた。プロ時代の経験を押し付けて、失敗ばかりを繰り返していたと、若林は振り返る。また、プロを目指すような能力の高い選手には「監督から教わりたいのであれば、自分で努力してこの一線を越えてこい」という〝上から目線〟のスタンスで指導していたという。

「選手たちとの距離を、無意識のうちに遠ざけていたのかもしれません。元プロが陥りやすい危険性ですよね」

と、当時の失敗を素直に認めるのである。

3年連続準優勝とゴール地点の「上方修正」

2014年夏には準決勝で日大三を破り、夏としては初めてとなる西東京の決勝へと進出したが、日大鶴ケ丘に9回サヨナラの1－2で惜敗。しかし、その年の秋には勝俣翔貴（オリックス）を擁して、ついに東京都を制覇。翌春センバツへの出場を決めたのだった。

甲子園初采配となった2015年センバツでは、初戦で高校野球界の横綱・大阪桐蔭と対戦。自慢の打線は好左腕・田中誠也（大阪ガス）の前に三塁を踏むことができず、4安打6三振。また、先発の勝俣を含め3投手でリレーした投手陣は粘ったものの、先制、中押し、ダメ押しと鮮やかに攻め立ててくる相手打線の前に失点を重ねてしまう。終わってみれば、0－8という完敗だった。

その年の夏も、西東京決勝に進む。相手は1年生の注目打者・清宮幸太郎を擁する早稲田実だった。3回に4点を挙げ、6回までに最大5点をリードした東海大菅生だったが、8回に一挙8失点を喫して逆転負け。翌2016年は三たび決勝へ。この試合は3－3で迎えた延長11回に勝ち越され、八王子の甲子園初出場を許してしまう。

「3年間とも、絶対に勝てる試合だったと思うんです。でも〝決勝まで行けば絶対に勝てるわ〟という安易な気持ちが仇になったのかもしれません」

甲子園への出場を目の前で見せつけられる決勝での敗戦は、想像以上に大きなダメージを受けるものだ。ましてや、それが3年も続くのである。

「元プロ」という実績を引っ提げて高校野球の監督をやりながら、それでも甲子園に行けないのは想像以上の辛さだった。東海大付属を見渡してみても、ほとんどの監督が就任5年の間に甲子園への出場を果たしているのだ。何より付属初の「元プロ監督」という肩書。この間、まわりの視線が痛いほど全身に突き刺さったという。

ここで若林が行ったのは、ゴール地点の「上方修正」だった。

「もちろん選手や私は、甲子園に行きたいと思っていました。3年連続決勝で敗れた時もね。ただ、本来は甲子園に出ることがゴールじゃなかったんですよね。だから、2017年のチームには『お前ら、日本一を獲れ』と言ったんです。『甲子園が目標です』と言っている間は、運を味方に付けない限りは行くことができない。だから、西東京の決勝はあくまで通過点だと思うように仕向けていきました」

２０１７年夏。４年連続で西東京の決勝の舞台に立った東海大菅生は、最終学年を迎えてさらに注目度を増していた清宮の早稲田実に６－２で快勝。清宮の甲子園出場を期待した全国のファンの中には、東海大菅生の勝利を「ＫＹ」扱いする者も少なくなかったが、若林にとっては当然「知ったことではない」。相手が早実だろうが、清宮だろうが、あくまで通過点をクリアしたに過ぎないのだ。

禁断のＮＧワード

選手権大会初采配となった２０１７年夏の甲子園は、中村奨成（広陵）が清原和博（ＰＬ学園）の個人１大会最多本塁打記録を塗り替え、全体でも過去最多の68本塁打が飛び交う〝大空中戦〟が繰り広げられた大会となった。そして、西東京決勝の壁を突破して出場した東海大菅生は、甲子園でさらに強さを増していくのである。

初戦はエース右腕の松本健吾が１失点で完投し、これに応えた打線が佐藤弘教、奥村治の一発などで11得点の猛攻を見せ、高岡商（富山）に快勝した。続く3回戦は三番・小玉佳吾、四番・片山昂星のアベック弾などで9得点。投げては2年生右腕の戸田懐生が6安打1失点でマウンドを守り抜き、青森山田に完勝。準々決勝では佐藤、小玉が大会2本目のアーチをかけ、二番・松井惇にも一発が飛び出して9得点。松本、戸田のリレーも決まり、三本松（香川）に圧勝している。

ところが、準決勝へと駒を進めた若林は、対戦相手を見て思わず緊張の糸が緩んでしまう。花咲徳栄（埼玉）。関東屈指の強豪校には違いないが、そのシーズンの練習試合でコールド大勝している相手なのだ。そして禁断のＮＧワードが、口をついて出てしまうのだった。

「お前ら、この試合に勝ったら優勝できるぞ」

たしかに「4強に残ったチームの中でも、一番元気だったのがウチだった」と若林が言うように、東海大菅生が有利な状況に立っていたのは事実である。反対側のパートに残っているのは、天理と広陵（広島）だった。互いに4強チームにふさわしい、強打を売りにしたチームである。しかし、天理は3回戦で延長11回を戦い、準々決勝は明豊（大分）と13－9という壮絶な打ち合いを繰り広げたばかり。中京大中京との1回戦で

2時間44分という長時間ゲームを戦った広陵は、準々決勝で仙台育英（宮城）と再び2時間44分を戦ってきている。

一方、東海大菅生は7日間のうちに松本が17イニング、戸田が10イニングしか投げておらず、試合展開にも助けられて大きな消耗もなく準決勝まで勝ち進むことができた。そして、準決勝の相手が一度コールドで勝っている花咲徳栄である。この試合に勝てば、チャンスは大きく開けると考えても不思議はない。

試合は打ち合いとなった。初回に2点を奪い先制し、主導権を握りかける東海大菅生に花咲徳栄が喰らいついて離さない。そんな流れで試合は進み、今度は同点の8回に花咲徳栄が2点を勝ち越す。しかし、東海大菅生は追い込まれた9回裏に2年生遊撃手・田中幹也の同点打が飛び出し、試合を振り出しに戻したのだった。そして延長戦に突入。しかし、最後は10回からリリーフのマウンドに上がっていた山内大輔が捕まり、3点の勝ち越しを許して万事休す。東海大菅生の決勝進出はならなかった。

「そもそも『この試合に勝てば優勝できる』という状況って、決勝戦だけなんです。まだ準決勝でしたからね。あそこは『この1試合を何がなんでも勝つぞ』という話をしなきゃいけなかった。目の前の試合に集中しなきゃいけなかったのに、あろうことかNG

ワードを発してしまったんです。花咲徳栄も結構厳しいトーナメントを勝ち上がってきていたのに、想像した以上にタフでした。ただ『優勝できるぞ』という言葉は、やっぱり言ってはダメでしたね」

東海大菅生に勝った花咲徳栄は、全6試合で二けた安打、9得点以上の破壊力を見せつけ、最後は中村を擁する広陵に14－4と圧勝し甲子園を制覇した。県勢の悲願だった「深紅の大旗」を、初めて埼玉県へと持ち帰ったのだった。

特定のチームが目標ではない

話は遡るが、2015年春に甲子園初出場で対戦した大阪桐蔭は、決して前評判の高いチームではなかった。若林自身も「五分でいける」と踏んでいたが、蓋を開けてみれば前述の通り0－8という完敗である。たしかに、先発した勝俣が本調子ではなかったことも響いたが、それ以上に相手との間に見えた「大きな差」が、勝敗を分けたと若林は言うのだ。

「相手の選手たちからは、まるで自分の庭で戦っているかのような余裕を感じましたね。そこで感じたのは、大阪桐蔭のようなチームを目指すのではなく、大阪桐蔭にも勝てるだけのチームを目指さないと、日本一は獲れないということ。だからウチは、決して打倒・大阪桐蔭ではないんですよ」

それは長きにわたって西東京の頂点に君臨している、日大三に対しても同じである。

「三高のようなチームに勝てるようになれば、甲子園でも勝てる」と思ってやってきたと若林は言う。ただ「三高に勝て、三高に勝て」と言っているうちは、たとえ日大三に勝ってもそこで達成感を味わってしまうために、あっさり次で負けてしまう。これは、自身の苦い経験から得た教訓だ。だから、若林は選手たちに訴えるのである。

「俺たちは甲子園で勝つことが目標なのであって、特定のチームに勝つことを目標にしているチームではないよね」

「絶対」がない野球というスポーツにおいては、怪物級の選手がいるチームが決して強いとは限らない。全国の一番優れた選手が集まっているといっても、それは中学時代の力と実績でそう言われているに過ぎないのだ。そうしたチームに勝てる確率を上げていけば、自ずと日本一は見えてくるはずである。

「2015年春の大敗がなければ、そんな考え方はできていなかったかもしれません。もちろん、2017年夏の4強進出もなかったでしょう」

東海大菅生が真の強豪校に進化するための伏線は、春のほろ苦い経験にあった。

恩師・原貢

ところで、若林の野球人生を語る上で、欠かすことのできない人物がいる。高校時代に指導を受けた無二の恩師、原貢である。

1965年夏に福岡県の公立校、三池工を率いて甲子園初出場初優勝の快挙を達成した貢は、翌年12月に就任した東海大相模でも1970年夏に甲子園優勝、1975年春に準優勝。このセンバツ準優勝時に三番を打っていたのが、当時2年生の長男・原辰徳(現・巨人監督)だった。現在、巨人軍不動のエースを務める菅野智之は、貢の孫にあたる。

辰徳の東海大進学に合わせ、東海大監督となった貢は、首都大学リーグ7連覇を達成。

1980年ドラフトで辰徳の巨人1位指名を見届け、再び東海大相模で指揮を執ることとなった。若林が貢から指導を受けたのは、この第二次政権下においてである。

貢は1984年に東海大系列校野球部の総監督となるが、1990年から再び東海大監督に復帰。1996年秋に勇退するまで、この間6回のリーグ優勝を達成している。

貢といえば、息子の辰徳に対する容赦のない鉄拳制裁があまりにも有名だ。チーム内の空気を引き締める意味で、真っ先にやり玉に挙がる辰徳もたまったものではないが〝被害者〟は決してひとりだけではない。高校に入学して初めて練習試合のベンチに入った若林は、サインミスを犯した先輩の選手に鉄拳を浴びせる貢の姿を目の当たりにしてしまう。しかも、先輩の被っていたヘルメットが、貢の拳によって割れてしまっているのだ。中学を出たばかりの若林が「とんでもないところに来てしまった……」と途方に暮れるのも当然であった。

しかし、そんな貢に対して若林は腹を括って向かい合うのである。結果、在学中の〝愛のムチ〟は、一発か二発程度にとどまったのだという。

「ビビッていたらやってられないと思って、怒られることを恐れないでやっていこうと考えたんです。辰徳さんやプロに行った選手に対しては、高校でも大学でも容赦なくボコボコにしていたと聞きます。ただ、辰徳さん世代で投手をしていた村中さん（秀人、現・東海大甲府監督）は一度も殴られたことがないそうです。僕もそうですけど〝これをやって失敗したら怒られるんじゃないか〟とは思っていなかったんですよね。やって失敗するなら仕方がないと開き直ったんです。結果的には、散々に打たれても使ってくれました。試合中もベンチにいる原監督を見て、怒られた記憶はありません。僕はしょっちゅう見ていました。良いボールを投げて『どうだ！』という時ほどね（笑）。すると原監督は、いつも頷いてくれるんです」

ある日のことである。当時、プロ野球界最強の西武を率いた広岡達朗の著書を読んでいた若林が「原貢を籠絡するためのヒント」を発見した。そこには「いろんな選手がいる。しかし、私が風呂に入ったら、みんなはサッと逃げていく。そういうところでこそ、いろんな話ができるというのに」と書かれていた。若林は咄嗟に「これだ！」と思った。

風呂場の入口に「原貢」と書かれたスリッパがあると、先輩はみんな逃げていった。しかし、若林だけは何食わぬ顔をして、貢のいる風呂場へと入っていくのだった。

「それは1年の頃からやっていましたね。僕の入浴中に原監督が後から入ってくることもありましたけど、そこでは本当にいろんな話をしていただきました。やっぱり多かったのは野球の話。でも、話が上手だったし、いつもニコニコされていたので、本当に楽しかったですよ」

かつて息子の辰徳が「父は二重人格者」と言ったというが、風呂場での会話は雰囲気も表情も、すべてがグラウンドでのものとは違っていた。おそらく、その姿は若林のみが知っているのかもしれない。この濃密でかけがえのない時間の中で、若林はオンとオフの切り替え方を学んだ。そして、そこで身に付いたメリハリの付け方は、今でも指導ポリシーとして大事にしている。

原貢の死がもたらした転機

「野球は根性だ！」という貢の言葉が、一番耳と心に残っていると若林は言う。練習中に水分を補給させたり、定期的に練習オフの日を設けたりするなど、当時としては日本でもっとも革新的なチーム運営をしていたという貢である。組織として野球の近代化に取り組む反面「野球は根性」だと言うのだから、貢はよほどの多面性を持ったリーダーだったに違いない。

また、選手たちには常に「魂を入れろ」と言った。

「グラブ、スパイク、バット、グラウンド……。すべてに『魂を入れろ』、『闘魂を込めろ』と言っていましたね。まさに一球入魂の精神ですよ。それはウチの生徒たちにも言っています。まだまだ浸透はしていませんが、結局グラウンドで野球をする以上は、その気持ちを忘れてはいけません」

２０１４年5月29日、原貢は心不全のために逝去した。78歳だった。

その後、若林は貢の写真を帽子の裏にしのばせて公式戦に臨むようになった。辰徳の妹で、菅野の母でもある貢の娘・詠美に「これ〝魔除け〟に持っていって」と渡されたのは、若かりし日の貢が「Ｔｏｋａｉ」のユニフォームを身にまとい、甲子園で指揮を執っている写真だった。その前にもらっていた「原貢」と記されたゴルフバッグ用のネームプレートも持って試合に臨んでいる。汗でクシャクシャになってしまった写真は、そっと部屋に飾っておくつもりだ。

貢の死を転機に、若林はそれまでの指導スタイルを見つめ直すこととなる。その結果、スタイル転換のきっかけを掴んだのであった。

「原監督の練習を思い出してみたんです。僕も毎日ではないけど、ノックを打っていたつもりでしたが、やっぱり原監督に比べたら全然でしたね。原監督は本当に毎日ノックバットを振っておられました。練習での声掛けも含め、常に先頭に立って生徒を指導していましたから」

この頃になっても、若林は「簡単に勝てる」という感覚が抜けきれていなかった。試合に負けると「あいつがあの場面で打てなかったから」、「あいつが大事な場面で打たれたから」と、責任を選手に押し付けてしまうところがあったという。このままでは、埒があかない。もっと執念を持って、勝負に臨まなければ勝利を手にすることはできないだろう。そう、原貢がそうであったように。

「その頃からですね。〝自分が生徒を勝たせないといけないんだ〟という意識を持ち始めたのは。自分が勝たせるんだということは、自分で運を持ってこないといけないということなんです。人任せでは、結果なんて付いてくるはずはありませんから」

貢の没後から、若林は自らノックを打つようになり、陣頭で積極的に指導する姿も目立つようになった。その結果、若林は初めてチームを夏の西東京決勝へと導き、秋の優勝で翌春のセンバツ出場を掴み獲ったのである。それから3年連続の西東京準優勝があり、2017年の甲子園4強進出もあった。指導スタイル転換の成果は、貢が亡くなって以降の7年間で9回の決勝進出という結果が物語っている。

ちなみに、東海大菅生の監督に就任した後、若林は横井とともに貢のもとを訪ねている。「思った通りにやれ」と言われただけで「ああせえ、こうせえ」と具体的な指示はなかった。練習試合で東海大相模に行くと、貢はいつも姿を見せた。しかし、その時は決まって相模サイドに陣取ってしまうのだ。現・東海大相模監督の門馬敬治は、頻繁にグラウンドに顔を出す貢から、様々な金言を授けられていたという。

事あるごとに「是非、ウチにも来てください」とお願いはしていたものの、結局貢は一度も東海大菅生のグラウンドに現れることはなかった。「きっとゴルフが忙しかったんじゃないかな」と笑う若林だが、門馬のことがさぞや羨ましかったに違いない。

大人たちよ、今こそ道を示せ

プロ野球経験者だからこそ、プロ野球選手になれそうな選手はすぐに分かってしまうものらしい。現在の教え子だけでなく、卒業後に大学へと進んだ教え子の中にも、可能性を秘めた選手は何人もいるのだという。

ただ、国際武道大を経てオリックス入りした勝俣は「俺は絶対にプロに行くんだ」というブレない意志を持っていた。「プロに行きたい」と言う現在の教え子の中に、勝俣ほどの覚悟を持って取り組んでいる者が果たして何人いるだろうと、若林は言った。「行けたらいいな」ではなく「絶対に行くんだ」という気概がなければ、目標に辿り着くことなどできないのだ。

「最後は性格、信念だと思いますね。僕はプロでの成績は振るわなかったけど『絶対になりたい』という気持ちは忘れたことがありませんでした。そして、実際になりたいと思ったものには、すべてなれているんです。プロ野球選手もそう。高校野球の監督だってそう。甲子園に出て指揮を執ってみたいと思っていたら、それも達成できました。だから生徒にも覚悟を求めたいし〝目標に毅然と立ち向かっていけば、道は開けるのに〟という、もどかしさを感じますね」

しかし、プロ入りの可能性を秘めた選手と、そうではない選手で指導スタンスを使い分けることはしない。

「基本的には〝けちょんけちょん〟に言いますよ。褒めることは、いっさいしません。もちろん、こちらの言っていることがすべて彼らに届いているとは思いませんけど、この先彼らの身に何かが起きた時〝そういえば昔、若林がこんなことを言っていたな〟と思い出してくれるだけでいいと思っています。僕が言ったことを、その場で理解してほしいとは思っていませんから」

若林は言う。現代の教員は「あまりにも生徒に好かれようとしすぎている」と。嫌われたくない一心で生徒に媚を売り、ひと言の注意もできない。もちろん、厳しいことも言えない。大人から厳しく指導されないために、子供たちは構ってもらえていない錯覚に陥り「どうなってもいいや」と自暴自棄に走ってしまう危険性もある。だから若林は「そんな時代に生きている生徒たちが可哀そうだ」と言うのだ。

「おはようございます」ではなく「ざーっす」のように適当な挨拶をしてくる者には、容赦なく叱りつける。「これぐらいでいいか」、「この程度なら注意しなくてもいいか」とは絶対に思わないようにしていると若林。とくに野球部員や自身のクラスの一般生には、手厳しく接しているという。

新型コロナウイルスの感染拡大で甲子園を奪われた選手たちに放った、あのひと言についても同じである。

「オメーら、悲劇のヒーローぶってんじゃねえ。いつまでも、そんな顔をしているんじゃねえよ。甲子園をやるとか、やらないとかは関係ねーから」

甲子園大会の中止を受けて、全国の球児にはたくさんの温かい言葉が寄せられた。プロ野球選手の多くも「君たちがやってきたことは間違いじゃない」といったメッセージを発信している。

「プロ野球選手がそう言ってくれるのはありがたいんですが、現場にいる僕たちまでが、そんなことを言う必要はありません。現場の人間がそういうことを言うっていうのは、自分が好かれたいからですよ。そもそも『お前ら、可哀そうだな』と言われても、生徒らは嬉しくもないわけです。それなら『こういう時に取る行動こそが大事なんだ。このまま続けていこう。最後まで、全うしよう』と言ってあげることが、我々が取るべき指導ではないでしょうか」

野球部の監督は教壇に立つべし

「たしかにトップを経験した人が、学生を指導してはいけないというのはおかしいと思います。野球界にとっての足かせになっている部分は否定できません。ただ、高校生を指導する上で、元プロかどうかなんて関係ないですよ。むしろプロ野球という特殊で華やかな世界でちやほやされて、勘違いしてる奴もたくさんいますからね。だから僕は『元プロだからって、簡単に勝てる世界ではないよ』と常々言っているんです」

２０１３年の規約改正以来「高校野球をやりたい」というプロ野球経験者が急激に増加した。では、なぜ彼らは、高校野球の指導者を目指すのか。その大半は「野球をやって、野球を上手にさせて、甲子園に行って勝つ」という思いだけで、講義を受講しているのではないかという危惧が、若林の中にはあるようだ。

「それだけでは勝てないですよ、と言いたいですね。野球の形態は、どんどん変わっていきます。もしかすると、独学で上手くなっていく子がいてもおかしくありません。そういうことにも対応していかないといけないし『人間形成をしていく』といっても、思っているほど簡単ではありませんよ。人としていろんなことを勉強して、それをしっかり伝える力も求められます。それができた時に、初めて野球を指導できるのではないでしょうか。でなければ、教え子が野球を終えた時に、何も残らない人間になってしまいます」

「教諭歴2年」という旧制度のもとで学生野球資格を回復した若林だけに、現在も社会科教諭として教壇に立ち日本史を教えている。若林は「野球部の監督こそ、教壇に立つべきだ」と言う。「野球を教えるだけの監督ではいけない」。そんな揺るがぬ持論こそが、若林の指導の根幹を成す流儀なのである。

「野球には正解がない」という言葉を耳にしたことがあるかもしれない。実際に100人の指導者がいれば、100通りの野球が存在するものである。つまり、野球を教えることについては、正解がないぶん責任もないと若林は考える。

一方、教壇に立つ以上は嘘を教えるわけにはいかない。日本史であれば、事柄も文字も絶対に間違えてはならない。無責任に事実とは異なることを教えてしまえば、教員は授業料泥棒と言われてしまうのである。

逆の考え方もあるようで「教員指導者も、学校現場以外のいろんな世界を見た方がプラスになるはずだ」と若林は言う。もちろん、若林自身はプロ野球を経験したことが大きいと思っているので、堂々と「元プロです」と言っている。それだけでなく、日立製作所という一流企業を経験し、プロ引退後には運送業をやりながら、軟式野球や女子ソフトボールの指導も経験しているのだ。

「ひとつのカテゴリーしか知らずに指導するのと、いくつものカテゴリーや異業種を知って指導するのとでは、まったく違うと思います。逆に教育現場だけで生きてきた教員も、理想を言えば一度は違う世界を経験した方がいいと思いますね」

吉田松陰と立花宗茂

若林は繰り返し強調する。

「高校野球の監督は、教員がやるのが望ましい。監督という立場にあるのなら、何コマでもいい。授業をやった方がいい」

生徒に〝教える〟という行為自体が、自分自身を高めてくれるものにほかならない。そのことを若林は教員生活14年という経験の中から見出し、野球部での指導にも活かしきっているように見える。

「僕は野球の指導者ですから、教えるにあたって野球の本も読みますが、日本史の先生である以上は歴史上の人物に関する文献も読むわけです。ミーティングでは、歴史や人物を勉強することで学んだ知識をしゃべることが多いです。むしろ、そういうことに重点を置いています。〝生き方を知ることは、学びである〟と思っているので」

「悲劇のヒーローぶるな」と生徒を奮い立たせたコロナ禍のミーティングで、吉田松陰の話を引用したのも、こうした考えによるものだ。嘉永7（1854）年、日米和親条約の締結を求めて下田に再来航したペリーの黒船に独断で乗船した後、アメリカへの渡航が失敗に終わり投獄された松陰は、処刑が迫る獄中でなお学問に励んだ。「今から死んでいくのに、学問は必要なかろう」とする牢番に対し「知識を得て死ぬのと、何も知らずに死んでいくのとでは大違いだ」と松陰が言い放ったという逸話がある。若林が用いたのは、この時の話であった。

「まさに土壇場、人生の最終局面で、どういう行動を取るか。そこで人間の本質が問われるんだ。そして、それが人生が開けるか否かの分かれ道にもなる。今のお前たちにも同じことが言えるんじゃないのか」

松陰は助命され、長州（山口県）へと戻り松下村塾を開くなどして、高杉晋作や久坂玄瑞といった、その後の明治維新へと繋がる討幕派の主力を育成。しかし、5年後の「安政の大獄」で再び捕縛され、30歳という若さで刑死するのだった。

なお、日本史の関連書物を読み漁っている若林だが、もっとも好きだという歴史上の人物には意外な名を挙げている。戦国時代末期から歴史の表舞台に登場し、豊臣秀吉の政権下で台頭を果たした戦国大名の立花宗茂である。歴史の教科書に登場することがない九州地方の大名だけに、その存在を知らない人も多いはずだ。

豊後国（現在の大分県）に生まれた宗茂は、北部九州を武略で席巻した天才武将として秀吉に重用され、二度にわたる朝鮮の役でも日本軍の主力として大いに活躍。秀吉没後の関ヶ原の戦では大坂方の西軍に付き、大津城（滋賀県）を攻めた。

「徳川家康がもっとも恐れた男が立花宗茂でした。宗茂は大津城攻めに手間取り関ケ原の本戦に間に合わなかったとされていますが『宗茂が来る前に決着をつけてしまえ』というのが家康の本心だったんじゃないか、と僕は思うんですよね」

その後、西軍に味方したために所領の13万2000石は改易となったが、後に赦免され宗茂は柳川藩10万9200石の大名として復帰する。その結果、宗茂は関ケ原の役後に旧領を回復した唯一の大名となった。

「僕の授業は『こういうことを書いているけどヨ』と言って、教科書に載っていない話をすることがほとんどです。教科書に書いてあることなんて、誰でも読めば分かりますからね。じつは、その裏にあることの方が面白いものなんです。僕は自分の解釈を話して『あとはお前らで判断しろ』と言います。ミーティングで宗茂？　まだ調べきっていないので、話をしたことはありません。でもね、先日どこかで『立花宗茂を大河ドラマで！』という標語を見たけど、いいですね。やってくんねぇかなぁ（笑）」

若林は入浴中にも本を読むことがある。ジャンルは問わず、漫画を読むことも少なくはない。また、若林が尊敬してやまない原辰徳も、大の日本史好きで読書家だという。歴史書を研究しているだけで疑問が広がり、好奇心の枝葉は多様な広がりを見せる。たしかにこれは、人間としての成長を大きく促す重要な効果がありそうだ。おそらくは、指導者という枠に限った話ではないのだろう。

追い求める理想のカタチ

「プロも金属バット時代の社会人も、1点にこだわる野球ではありません。2点ビハインドなら、3点を取りに行くという野球が多いんです。送りバントやエンドランも、じつはそれほど仕掛けてこないんです。スモールベースボールとは真逆の、スケールの大きい野球ですよね。僕も高校野球の指導者に転身した直後は、そういった野球を目指したことがありました。たしかに当時は打てなきゃ勝てないチーム事情だったこともありますが、バントでセコセコ点を取りに行く野球はやめよう、と」

しかし、高校野球という「負けたら終わり」の一発勝負を経験していくうちに、理想とするチームの在り方は変化していったのだという。

「理想を言えば、信頼できるエースがいて、バックがしっかり守れる。そこにベースを置いて、その上に打撃力を付けていかないと、高校野球ではなかなか勝てません。いくら打撃力が高くても、トリッキーな投手にハマることも珍しくありませんから」

自身が投手出身だけに、投手に対するリクエストもハッキリしている。大原則は制球力だ。しかし、相手が上位レベルになってくると、制球力だけでは抑えられなくなる。そこで必要になってくるのが一定以上の球速だ。何より、投手全員に求めているのは「低めに投げること」である。

「投手という生き物は、低めに凄いボールを投げたがるものなんです。ただ、スピードが出るといっても、それはあくまで自己満足であって、そこへコントロールできなければ意味はありません。たとえ低めに投げてワンバウンドしてもいいんです。落ちたら落ちたで、なおさら打ちづらくなるんですから」

低めにしっかり投げられるようになれば、今度は角度が付いてくるので、投球の幅も広げやすくなる。有利なカウントや振らせたい場面で、捕手が高めにミットを構えることがあるが、若林はここでも「低めだ」と言って徹底させている。

「まずは直球です。しかし、本当に困った時に投げるのは直球ではなくて変化球。絶対の自信を持って投げられる変化球をひとつ持つことですね。スライダーでもフォークでも、シンカーでもいい。決め球というやつです」

甲子園4強に躍進した2017年夏がそうだったように、複数投手による分業制も若林は必要だと感じている。せめて2枚。もう1枚いれば、戦略はさらに楽になる。理想は先発が2枚いて、抑えがひとり。さらに中継ぎに1、2枚を配置したい。

甲子園では「行けるところまで」という考え方のもとで先発を引っ張ると、投手への負担も大きくなり勝ちの計算が立ちづらい。中継ぎは1、2イニングを投げられれば充分で、抑えは1イニングをきっちり抑えてくれればいい。練習試合では中継ぎにも先発させ、5、6イニングを投げ切るだけの力を付けさせる。それが備われば、試合の中で2イニングを投げるくらいは容易になるからだ。抑え役の投手には、常に1イニングを投げ抜く練習だけをさせる。先発・中継ぎ・抑えの適性は、体力や集中力の持続性などを見て判断している。

ちなみに、左投手に対するこだわりはそれほど強くない若林だが、中継ぎに関しては左右の投手が揃っていることが望ましいと言う。

球数制限についてはとくに反対しているわけではないが、それよりも日程の緩和とベンチ入りメンバーや登録人数の拡大を優先すべきではないかと言う。

「元プロ」の教員監督

「打撃も守備も走塁も、そして戦略的なことも、僕はトップレベルに触れることができました。もしそういう経験がなかったら、ただの野球を知ったかぶっている指導者で終わっていたかもしれません」

何度も若林は元プロ指導者の弊害や危険性を口にしたが、やはりプロ野球で6シーズンを過ごした経験は、ほかの指導者にはない、とてつもなく大きな武器であることに変わりはない。毎年のように優勝争いを繰り広げるチームの中で、何人ものタイトルホルダーを目の当たりにしながら、プロの世界で生き残るための努力と工夫を重ねた日々は、間違いなく無駄にはなっていない。

また、現役時代には鳥取のワールドウィングに赴き、小山裕史の指導のもとでイチローや山本昌も実践した初動負荷理論も学んでいる。現役最終年に調子が良かったのは、このトレーニングを始めて腰痛が引いたことが大きな原因のひとつだと若林は言った。

その時の縁で、現在も教え子に怪我人が出ると、小山の指導のもとで治療を行っているそうだ。

2021年のセンバツでエース番号を背負う左腕の本田竣也も、ワールドウィングでフォームの指導を受けた。最速143キロのスリークォーター左腕・本田は、なんといっても極端なインステップが最大の特徴だ。「メカニズム的に、よほどおかしな動きをしていなければ、本人の好きなように投げさせる」という若林だが、以前は今以上にインステップが大きかったため、さすがに修正していいものかどうか頭を悩ませたという。そんな時に頼ったのも、小山の指導だった。プロ時代に築いた人との繫がりは、確実に血となり肉となっているのである。

こうして若林の率いる東海大菅生は、間違いなく日本一への階段を上がっている。出場が決まっている2021年センバツでも、狙うは頂点のみだ。

「大阪桐蔭とやってみたいか？　初めて出た甲子園で大阪桐蔭とやっていますからね。前にも述べた通り、今は〝大阪桐蔭を倒したい〟ではないんですよ。ああいうチームに勝てないようでは、日本一なんて土台無理な話ですから。まぁ、どこかが大阪桐蔭を倒してくれれば（笑）。そんなことを言っちゃいけねぇのかな」

若林弘泰。昭和の香りをふんだんにまき散らす元プロ監督ではあるが、芯の部分には教員監督としての激しいプライドが燃えている。

第3章

天理 中村良二 監督

高校野球に帰ってきた「猛牛戦士」アマチュア指導者になるためのプロ11年間に培ったもの

中村良二《なかむら・りょうじ》

1968年6月19日生まれ、福岡県三井郡(現・久留米市)出身。天理～近鉄～阪神。高校時代は2年春、3年春夏に甲子園出場。8強入りした2年春のセンバツでは1本塁打を放ち、主将として出場した3年夏に全国制覇を達成(1986年)。高校通算41本塁打の打棒が評価され、同年のドラフト2位で近鉄に入団する。プロ生活11年間で一軍での本塁打はゼロに終わるも、二軍では2度の本塁打王に輝くなどウエスタン・リーグ通算100本以上の本塁打を記録している。阪神に移籍した1997年に現役を引退。その後は藤井寺シニア、天理大の監督、天理高のコーチを歴任した後、2015年8月に天理高監督となる。2017年夏の甲子園で4強、2019年秋は近畿地区で優勝し明治神宮大会4強。2021年春にはセンバツで初めて指揮を執る。

近鉄バファローズ

オリックスとの合併が発表された２００４年シーズン終了をもって、55年にわたる球団の歴史に幕を下ろした近鉄バファローズ。チャーリー・マニエルやラルフ・ブライアント、石井浩郎に中村紀洋、そしてタフィ・ローズといった歴史的な強打者が次々に現れ、ファンからは「猛牛打線」、「いてまえ打線」の愛称で親しまれたパ・リーグの球団である。

近鉄は１９４９年の創設以降、戦力不足によって万年Ｂクラスに低迷した。１９５８年には、２リーグ制でのシーズン最低勝率タイ記録となる・２３８で最下位。１９６１年にはプロ野球歴代最多のシーズン１０３敗、首位から51・５ゲーム差というダントツの最下位に沈んでいる。

大阪市中央区の日生球場、藤井寺市の藤井寺球場、そして大阪市西区の大阪ドーム（現・京セラドーム大阪）と本拠地を転々としながら４度のリーグ優勝を達成したが、最後まで日本一には届かなかった。

　そんな近鉄がパ・リーグの上位進出を開始したのは、１９７５年シーズンからだ。この年の近鉄は、名将・西本幸雄に導かれ2期制で行われたペナントレースの後期優勝を達成。前期優勝を果たした１９７９年には、後期優勝の阪急に勝ってプレーオフも制覇。ついに球団初のリーグ優勝を達成したのだ。そして翌年もリーグを連覇している。しかし、日本シリーズでは2年連続で広島に3勝4敗で敗退。なお「江夏の21球」で有名なシリーズ最終戦が、１９７９年の日本シリーズ第7戦である。

　80年代の終わりから90年代初頭にかけては、仰木彬が繰り広げる多彩なマジックによって近鉄は再び輝きを取り戻す。１９８８年にはシーズン最終のダブルヘッダー、いわゆる「10・19川崎球場」の死闘の末、2位に敗退。だが、翌年にはシーズン最終盤に組まれた首位攻防ダブルヘッダーで、ブライアントが4連発を放ち西武を粉砕。9年ぶりのリーグ優勝を果たすのだった。

　しかし、巨人との日本シリーズでは3連勝で日本一に王手をかけながら、加藤哲郎の発言が湾曲して伝えられた「巨人はロッテより弱い」騒動勃発を機に、4連敗で敗退してしまうのである。

翌年には日米通算201勝の野茂英雄が入団し〝一大トルネード〟が吹き荒れる。1年目から剛速球とフォークボールで三振の山を築いたドクターKは、いきなり最多勝（18勝）、最高勝率（・692）、最多奪三振（287個）、最優秀防御率（2・91）の投手4冠を達成。新人王とMVP、そして沢村賞までも独占したのだった。

このように、近鉄バファローズという球団は、常にドラマに満ちていた。長期低迷や本拠地の度重なる移転がありながら、人々は近鉄を愛した。そして、いまだに多くの根強いファンに支持され続けているのである。

中村良二は1986年のドラフト2位で近鉄に入団した。1位は後にエースとなる左腕の阿波野秀幸である。つまり、近鉄がもっとも熱く「異才のプロ集団」として輝いていた時期に、中村はプロ野球生活を送っていたことになる。

ぼちぼち行こか

中村の出身は福岡県。早い段階で地元の名門校への進学が決定していたものの、小学生時代にテレビで観た、雨中の照明に照らされた甲子園球場の芝に映える、天理のパープルに対する憧れを払拭できず、近畿の強豪校での挑戦を決意したのだった。

その後、右の強打者として成長を続けた中村は、高校通算41本塁打を記録。2年春に出場した甲子園でも本塁打を放つなどして、全国から注目を集める存在となった。2年秋からは主将を務めた。そして3年春、夏と甲子園に出場し、夏には新湊（富山）、米子東（鳥取）、佐伯鶴城（大分）、鹿児島商、松山商（愛媛）を下して全国制覇を達成。奈良県の地に初めて、深紅の大優勝旗を持ち帰ってみせたのである。

「当時の試合のことは、あまり覚えていません。感覚的には〝あれよ、あれよ〟と終わってしまった感じなんです。もちろん優勝したいとは思っていましたけど『絶対に優勝するんや』とまでは思っていなくて、1試合、1試合、少しでも長くみんなと野球ができたらいいな、ぐらいの気持ちでしたね」

当時の天理を率いていたのは、恩師の橋本武徳である。天理市出身で生粋の「天理生まれの天理育ち」。自らも高校3年時に天理の選手として甲子園を経験している。

橋本は中村の代で全国制覇を達成し、一度は監督を退いたが1990年5月に復帰。そして、その夏。沖縄水産を決勝で破って2度目の全国制覇を達成するのである。相手投手に6回パーフェクト投球に抑えられて迎えた7回の攻撃前に「ぼちぼち行こか」と選手を鼓舞し、同点に追い付いた有名なエピソードは、この大会の2回戦、成田（千葉）との試合で生まれたものだ。

中村たちの代における橋本の指導は独特だった。

「やりたいことがあったら言ってきなさい。縛り付けられた中で野球をやっても、面白くないやろ」

高校入学から主将に就任した2年秋までに、そのような形の練習を経験したことがなかった中村は、目を白黒させたという。当時の日曜練習といえば、朝から晩まで一日ぶっ通しで練習するのが当たり前である。しかし、中村が「選手は疲れているので、今日は午前中で終わらせてください」と言えば、いつだって橋本は「よし、分かった」と受け入れてくれた。そして、実際に練習は9時から12時までで完全に切り上げてしまうのだった。

「疲労が溜まっているなら、午後は寮でゆっくり過ごすのが当たり前なんですけど、こちらとしては遊びたいから『午前中だけでお願いします』と言っているわけですよ。同級生も『早よ終わらせえや』と言うので、最初はダメ元で『じゃあ言ってみるわ』と言って橋本先生のところに行くと、いつも『よし、分かった』と聞き入れてくださるんです。そうなれば当然、僕らは門限まで自由外出です。ただ、橋本先生はすべてお見通しでしたね。それでもダメだとは言われませんでした」

無欲の勝利者

指導者となった今、練習が始まると、中村は細かな部分をコーチに任せて、全体を俯瞰で見ている。このスタンスは、恩師の橋本と同じである。中村の高校時代のヘッドコーチは、後に監督となる森川芳夫だった。中村世代以前の天理は、橋本が大まかなメニューを決め、森川が具体的な練習内容を決める。そして、後に天理高校の監督を務める島幹典、鈴木喜一、中村の在学中に天理大学監督に転任した中西一喜が脇を固めるという、充実の指導体制を築いていた。たしかに、これだけのスタッフがいれば安心して任せることはできたはずだ。

ただ、中村の代になって選手が練習メニューを決めるようになったため、森川が予定していたメニューが練習前にガラリと変わってしまうことも珍しくなかった。天理はラグビーの町でもある。ある時はタグラグビーやタッチフットといった、ジュニアのラグビー教室で行うようなメニューをやらせてほしいと橋本に頼むと「おう、やれやれ」と、あっさり許可が下りた。怒った森川が「お前ら、勝手にやれ！」と言って、スタッフルームから出てこないこともあったという。

「橋本先生は本当に大らかな人でした」

中村が現役の頃の橋本はヘビースモーカーで、練習中はタバコを吸っているか、下を向いてコクリコクリと居眠りしていることが多かった。そんな時は練習後のミーティングで「今日は良い練習をしていたな」と褒めてくれても、選手たちはうつむいて「よく言うわ。全然見てなかったやろ」と、心の中で総ツッコミを入れるのがチームの恒例となっていた。

そして、橋本は「無欲の人」でもあった。甲子園で優勝した1986年夏も、日本一に対する色気を微塵も感じさせることはなかったという。ただ、負けず嫌いを地で行く人間ではあった。何しろ負けることが嫌いだったので、練習試合でもとにかく「勝たなあかん」と言って勝利に強いこだわりを見せるのである。

「なんでそこまで勝ちにこだわるのか。『優勝したいからですか?』と聞けば、きっと『そうじゃない』と言うでしょうね。とにかく目の前の試合に勝ちたいという一心なんだと思います。僕らは甲子園で優勝しましたけど、あの時も橋本先生からは〝甲子園に行きたい〟という欲すら感じませんでしたからね。ミーティングで『日本一になろう』と言われたことも、一度としてありません。ただ『今日の試合に勝て!』。それだけなんです」

橋本は選手の自主性を最優先してくれた。そして「勝負には勝て」と言って、負けない心も育ててくれた。7歳で父を亡くしている中村にとって、橋本は父親そのものだったのだろう。そんな〝父〟に野球人としての「心」を植え付けられた中村は、幼少期より憧れ続けたプロ野球の世界へと巣立っていった。

猛牛軍団の一員として

甲子園で優勝した1986年の秋に、中村は近鉄から2位指名を受けた。同じ年のドラフトで1位入団した亜細亜大出身の阿波野は、1年目から15勝を挙げて新人王に輝いたが、高卒の中村は二軍打撃コーチの佐々木恭介による付きっ切りの指導で技術、フィジカルの強化に専念。並行してウエスタン・リーグで70試合に出場し、プロの世界での実戦経験を積んでいく。

「先輩みんなが兄貴分、後輩みんなが弟分。近鉄には、そんな雰囲気がありました。おそらく他球団に比べても、選手の仲はとりわけ良かったと思いますよ。もちろん派閥らしいものがなかったわけではありませんが、人間の温かさを凄く感じる球団でしたね」

同僚やスタッフと食事に出かけると、知らない間に同じ店内にいた先輩選手が会計を済ませてくれることが当たり前だった。中村自身も、後輩選手ができれば同じことをして、近鉄球団の中では当たり前の「人としての器」を継承していったのである。

とくに、正三塁手として活躍していた金村義明には可愛がられた。金村は報徳学園（兵庫）のエース兼四番打者として、3年夏に全国制覇を達成している。同じ甲子園優勝経験者ということもあってか、金村は何かにつけて中村の面倒を見た。キャンプ中も「ホテルのメシじゃ体が大きくならんやろ」と言って、毎晩のように外食に誘ってくれた。大人としての生き様を教えてくれたのが金村で、中村が近鉄時代に付けた背番号28

の前任者も金村であった。

また、中村の2年目が「10・19」の年で、3年目がリーグ優勝達成のシーズンである。「打倒西武」のスローガンのもと、チームの士気はとりわけ高かったと中村は振り返る。

中村の一軍デビューは3年目。優勝した1989年の4月9日、オリックス戦だった。このシーズンの通算打撃成績は10打数3安打、4打点にとどまるも、4月19日の〝宿敵〟西武戦では、相手エースの郭泰源からプロ初打点となる決勝の逆転二塁打を放ってみせた。仰木は「甲子園という大舞台で戦ってきた男だけに、やはり持っている」と、その勝負強さを高く評価した。

その後、仰木から「お前はまだ3年目。試合に出てもDHか代打に限られるので、もっとファームで試合経験を積んでこい。必ずまた一軍に上げる時が来るから、それまでしっかり経験してこい」と通達されて、中村は再び二軍へ。そしてチームは、130試合制シーズンの129試合目でリーグ優勝したが、中村の再昇格はシーズン最終戦の130試合目。それもまた西武戦で、中村はこの年10勝を挙げたルーキーの渡辺智男から三塁打を放っている。

このシーズンは最終的に2位オリックスとゲーム差なし、3位の西武までが0・5ゲーム差という〝ハナ差〟の決着だっただけに「シーズン序盤に最大のライバル・西武を逆転で下した中村の一打が、優勝に向けて勢いを付ける殊勲の一打になった」として、シーズン後に再び脚光を浴びることになった。

「10・19はテレビにかじりつきながら、涙を流して応援していました。1989年の胴上げは、藤井寺球場のベンチ裏で見ていました。先輩方から『来い、来い』と言っていただいて、ユニフォームを着てその場にいたんですが、さすがに歓喜の輪に入っていく勇気がなくて」

この年、中村はまぎれもなく猛牛軍団の一員を担っていたのである。

佐々木恭介のマンツーマン指導

プロ入り後の中村を育てたのは、プロ野球界における最大の恩師となった佐々木恭介である。現役時代の佐々木は確実性と勝負強さを兼ね備えた右の巧打者として、ベストナイン2回。1978年には・358という高打率で首位打者に輝いている。後に一軍監督を務め、1995年のドラフトでは目玉選手だった福留孝介（PL学園）を7球団競合の末に引き当て「ヨッシャー！」と絶叫したことでも知られている。

中村入団時は、二軍打撃コーチを担当していた。中村はこの熱血コーチから目をかけられ、「朝から晩まで」といっても言いすぎではないほどのマンツーマン指導を受けた。二軍戦のある日は朝一番で球場入り。それもほかの選手より30分早く始まる、いわゆる「アーリーワーク」が当たり前である。夕方に試合が終わると、そこから居残り練習が始まった。ミカン箱100球を3セット打った後、今度は課題の守備力を鍛えるための外野ノックがスタート。その後はトレーニングをひと通りこなしてようやく帰寮となるが、ゆっくり食事をとる間もなく再び19時30分からの夜間練習へ。そこからは、ひたすらティー打撃だ。

入団1年目は、打撃用の手袋を付けることも許されなかった。手は皮がめくれてボロボロになる。ただ、この間に手の皮が厚くなったのか、バットの握り方を覚えたのか、その後はマメができることはほとんどなかった。2年目からは手袋の着用が認められるも、中村は素手で打ち続けた。

3年目に入り先輩選手から「手袋があるのとないのとでは、怪我の具合が違うんだか

1986年のドラフト２位で入団。プロ生活11年間で一軍での本塁打はゼロに終わるも、二軍では２度の本塁打王に輝くなどウエスタン・リーグ通算100本以上の本塁打を記録

ら」と言われて着用を始めたが、感触は明らかに素手の方がいい。指導者となった現在、中村が素手でノックを打っているのは間違いなく当時の名残である。

夜もほかの選手より30分早い練習開始だった。時には佐々木が持参したゴルフクラブを振らされ、スイング軌道を確認したこともあった。そしてほかの選手がやってくると、そこから佐々木も中村も全体練習に合流するのである。

「あらゆる練習方法に挑戦しました。佐々木さんは僕だけにいろいろ教えてくれるので、あの30分間が本当にかけがえのない時間だったんです。そして、ほかの選手が練習を終えて帰っていくと、再び30分から1時間ほどをかけて個人練習が始まりました」

練習を終えた選手たちは、門限までに食事や買い物といった各自の時間を楽しんでいたが、中村にはそうした時間はいっさい存在しなかった。見かねた先輩選手から「買い物に行っといてやるから、欲しいものを言っとけ」と声を掛けられたことも、一度や二度ではない。ただ、野球漬けになったあの2年間があったから、後の一軍昇格があったと中村は信じている。何よりも「プロ生活11年の礎」を、佐々木によって作ってもらったと感謝するのである。

入団3年目にプロ入り初ヒットを打った日、中村が真っ先に報告したのも佐々木だった。しかし、電話の向こうの恩師は喜んでくれるどころか「それで?」と、じつにそっけない。

「お前、お母さんには連絡したんか?」

「いいえ。まずは佐々木コーチにと思って……」

「バカヤロー! そういう電話はまず親にするもんや!!」

そこで受話器を切られてしまった。野球を通じて「人を大事にすること」を教えてくれたのも佐々木だった。人として最低限の付き合いと、当たり前のことを当たり前にこなしていくことで、人は可愛がられ、信用される人間になっていく。それを思い出した中村は、福岡の母にプロ初ヒットを報告し、再び佐々木に電話をかけた。

「そうか。これからやな。頑張れよ」

先ほどとは打って変わった師匠の声のトーンを、中村は今でも鮮明に覚えている。

見せつけられた「プロフェッショナルの極意」

「プロの練習って、とにかく基本を徹底的にやるんです。これだというポイントを、みっちり時間をかけてやり続けるのがプロの世界。〝これぐらいでいいだろう〟ということが許されないのがプロフェッショナルなんですよね。それを実践できる人が次のステージへと上がり、人が真似できないような技術を身に付け、その技術をさらに高めながらレギュラーになっていくんです」

中村が〝プロフェッショナルの凄み〟をもっとも感じたのが、チームの四番を打っていた石井浩郎だった。早大、プリンスホテルを経て、１９８９年にドラフト3位で入団した石井。大学、社会人で全日本を経験し、四番を打った打棒は1年目から炸裂した。いきなり22本塁打を放って優秀新人賞のリーグ特別表彰を受けると、そこから5年連続で20本塁打以上を記録。４年目の１９９３年には打点王にも輝くなど「いてまえ打線」の顔としてチームを牽引し続けたのである。

1997年にトレードで巨人へ移籍した後は、ロッテ、横浜と渡り歩き、2002年に現役を引退。その後、飲食店経営、野球解説者を経て、2010年の参院選で秋田選挙区から立候補して初当選。現在に至っている。

左投右打の中村にとっては、どうしてもポジションが限られてしまう。一塁か、外野か、はたまた指名打者（DH）か。つまり、中村がポジションを争った相手はブライアントであり、通算2038安打の新井宏昌であり、石井であった。とくに2番手の一塁手と見られていた中村にとっては、まずは石井に勝たないことにはチャンスは転がってこないのである。

「石井さんは、ナイターが終わった後でも必ずウエイトトレーニングをしていました。それが終わると、通常のバット、マスコットバット、リング（重り）を付けた通常バット、リングを付けたマスコット、そして長尺のバットといった5種類のバットで素振りをするんですね。その姿を見た時に〝これが一軍で長年レギュラーを張る人なんやろうな〟と思いました」

石井は1試合の中でも、状況に応じてバットの長さを変えていたという。5種類のバットによる素振りは、スイング軌道の確認やフォーム固めはもちろんだが、試合の中でバットを使い分けることへの備えでもあった。

走者がいないとかの「狙っていい場面」では、ホームランでしか点が入らない。ややオーバースイングにはなるが、三振覚悟であっても、長打を狙っていく。逆に、走者が三塁にいれば、犠牲フライを外野に打てばいい。であれば、芯に当てさえすれば外野フライぐらいは打てる自信があるので、バットを短く持てばいい。または、ワンヒットで1点が入る走者二塁の場面なら、短くミートしてゴロ、ライナーを打つ。そうした様々な状況に応じてバットを使い分け、そこからさらに長く握ったり、短く握ったりとグリップの握りを工夫していたという。

「1試合に4打席立ったとして、すべて違うバットだったということもあったはずです。僕もそれを教えてもらっているうちに〝はっ〟と思って、打席で実践していたこともありました」

石井は体が硬く、守備においても決して見栄えの良い選手ではなかった。それでもバットマンとして結果を残し続けることができたのは、相当な努力があったからこそだと中村は言った。ただ、石井本人は努力の跡を口にせず、やるべきことに淡々と取り組む姿勢を崩すことがなかった。人付き合いも良く、豪快に酒も飲むし、後輩の面倒見も申し分ない。こういう素晴らしい人間がいるのかと、ポジションを競う身でありながら、心の底から感服していたという。

結局、中村は石井とのレギュラー争いに勝利することはできなかったが、石井から授けられた練習方法は、指導者となった現在も重要な〝引き出し〟として大事にしている部分だ。

仰木彬の「マジック」

「仰木さんは野武士集団と言われた西鉄ライオンズのご出身ですから、みなさんが想像している通りの〝豪傑〟でしたよ。それはヘッドコーチをされていた中西太さんも同じです。仰木さんは時間があれば、試合前にはいつも走っていました。もちろん、前夜のアルコールを抜くために、です。そして夜は番記者さんや球団のスタッフはもちろん、時には女性記者さんや知人の女性を引き連れて街を闊歩していました。〝両手に花〟状態ということも多々ありました」

仰木彬。近鉄ではリーグ優勝1回。1994年から指揮を執ったオリックスでは、阪神大震災からの復興のシンボルとして1995年からパ・リーグを2連覇し、1996年には巨人を破って日本一にも輝いた。両球団で通算14シーズン指揮を執り、Aクラスは11回。近鉄では野茂英雄、オリックスではイチローと、日米を股にかけたスーパースターの出現にも大きく貢献している。自称「パ・リーグの広報部長」として、リーグ全体のレベルアップに多大なる功績を残した名物監督であった。2005年12月15日、没。享年70歳という若さだった。

そんな仰木は、いったんユニフォームを着てグラウンドに立てば、人一倍厳しさを持った監督だった。選手にはハッキリと「結果を残さなければ来年はないよ」と伝え、結果を残すことだけを求めたのだという。

そして、勝負師としての思い切りの良さも大きな特徴だった。誰が見ても調子を大きく落としている選手でも、相手投手との相性が良ければ大胆に起用し、その選手がしっかりと結果を残すから不思議だったと中村は言う。近鉄にとって最大のライバルだった西武の主力打者、右の秋山幸二に対して平気で左投手をぶつけることもあった。阪神から移籍してきた左の佐藤秀明は、スライダーを得意としたが直球の最速は130キロに届くかどうか。それでも仰木は「秋山キラー」として佐藤を起用し続け、リーグ屈指の強打者を手玉に取っているのだ。

「右には右、左には左が当たり前ですから、セオリーでは考えられませんよね。しかも、相手は3年連続ホームラン40本以上の秋山さんですよ。でも、仰木さんにとってはそんなことは関係ないんです。要は抑えられるかどうか、結果を残せるかどうかだけなので。逆に相手が左投手だから、代打は右と決めつけていたわけではありません。打てない右打者よりも左を苦にしない左打者なら、そちらの方がいいわけですから。一見、奇をてらっているように見えながら、すべてはデータに基づいて一番相性がいい選手を使っているので、結果も出やすいんです。これが〝仰木マジック〟なんですよ」

捕手の使い分けも、仰木マジックの産物だ。従来はひとりの正捕手を中心に据えてシーズンを戦うのが当たり前だったが、仰木は阿波野には山下和彦、野茂には光山英和というように、ここでもバッテリーの相性を重視した。また、オリックスを率いた1999年には、135試合中131通りのスタメンを組んでいる。当時はパ・リーグのみが採用していた予告先発制を巧みに利用した、これも仰木ならではの戦略といっていい。

そして、仰木は「結果」に強くこだわりながらも、チャンスはふんだんに与えてくれるリーダーでもあった。

「僕がオープン戦で散々エラーをしても、なぜか開幕一軍でベンチに入れてもらったり。データを重視する監督さんだったので〝もしかしたら、どこかの場面で力を発揮できる〟という考えがあったのかもしれません。本当にチャンスはたくさんいただきました。3年目以降はずっとサイパンの一軍キャンプにも連れていってもらったし、その大半を開幕一軍で迎えさせてもらいました。仰木さんにはヘッドコーチで1年、監督で5年、計6年間にわたってお世話になっています。僕のプロ野球生活の中で、もっとも充実していた日々だったと言えますね」

独りよがりの指導

1997年に阪神で現役を引退した中村は、近鉄時代の打撃コーチで大阪狭山リトルシニアの監督を務めていた小川亨の紹介で、藤井寺シニアの監督を務めることになった。一度は「これから仕事を探さないといけないので」とオファーを断るも、過去に全国準優勝の実績がありながら、部員ゼロで休部状態にあったチームを無視できず「この先、子供たちが野球を続けていくための基礎作り」という方針を掲げ、一か月後に監督を引き受けている。

もちろん報酬などはない。ただ、中村は野球用品を販売していたこともあり、チーム内で商品を購入してもらうことと、日常の仕事を優先させてもらうことを条件に指導を開始。練習は平日の火曜日、金曜日、土日祝日。それ以外の日は、知人に紹介された遺跡の発掘作業で生活費を稼いだ。発掘作業といっても、埋蔵物を掘り起こし、筆やブラシで土を取り除くといった繊細な仕事ではない。掘り返した土をかき上げ、運搬するという完全な肉体労働であった。ハードではあったが、日当は破格の1万円である。何より、行政関連の仕事だったため17時には必ず仕事が終わる。藤井寺シニアの指導をする上では、これが大きなポイントになった。

しかし、それだけでは妻とふたりの子供を養っていくのは苦しい。保険を解約し、平日練習のない週3日はローソンで徹夜のアルバイトにも入った。大好きな野球をやらせてもらえる幸せは感じていたものの、やはり生活は厳しくなった。

ある時、事務員を探していた大阪府堺市の幼稚園が、知人の紹介で中村に目を付けた。

そしてその幼稚園関係者が中村の人となりを窺うために、極秘で藤井寺シニアの練習を訪れている。そこでの指導風景が評価されて「青少年のために頑張っているのだから応援したい。練習のない時は、なるべく幼稚園の仕事を手伝ってください」というオファーが舞い込んだ。これで定職に就くこととなり、それまで週4日しか取れていなかった睡眠を毎日確保できるようになり、安定した生活も取り戻すことができたのだった。

しかし、藤井寺シニアの監督に就任した当初は、プロを引退して間がなかったこともあり「なんでこんなこともできないの」というジレンマが常に付きまとったという。

「あの頃はコーチもいるのに、一から十まで僕がすべてを指導しないと気が済まなかったんですよ。たとえば、コーチが教えていることに対しても『いや、そうじゃないです』、別の場所でも『いや、こうです』と。今にして思えば、そんなことではコーチも選手も育ちません」

「俺は野球を知っている」という自負が強すぎて、中学生じゃ到底理解できないような専門用語を使い、中学生の体力ではまず体現できないような技術指導に終始してしまう。

「完全に独りよがりの指導でした」と中村は言った。

「プロでやっていた練習方法をそのまま中学生にやらせても、そりゃできっこないと思うんですよ。もちろん僕にはできます。なぜなら、その練習は僕が中学の時に習ったものではなく、プロに行って教えられた練習だからです。プロと中学生では体力差があるという当たり前のことを忘れ、知らないうちに〝中学時代の自分なら、この練習ができたはずだ〟という錯覚に陥っていましたね」

そのことに気がついた中村は、指導スタンスをガラリと一変させた。取り組んだのは「指導のシンプル化」だった。以前は中村自らの手で、難しく指導したがっていた部分があったが、中学生でもできること、中学時代に最低限身に付けておくべきことを考え、そこを指導していく方法にシフトしたのだ。選手とも距離を置き、コーチに指導してもらうことを増やしていった。藤井寺シニアでは、全国大会出場や関西大会優勝といった実績は残せなかったものの、9年間で得た指導ノウハウはその後、天理大監督となってさらに活かされることになる。

社会に直結する大学野球

２００６年からは社会人野球の日本新薬、大和高田クラブでコーチを務め、日本新薬では打撃コーチとして都市対抗出場にも貢献している。その後、２００８年8月に学校法人天理大学の法人本部に採用され、天理大監督に就任した。当時の天理大は阪神大学野球リーグの2部に降格して苦しんでいたが、中村の就任とともに上昇を開始。２００9年春季リーグで2部優勝し、１部昇格を果たすのだった。２０１3年春には1部リーグを制し、全日本大学野球選手権に出場。東農大オホーツクに勝ち、チームを全国8強へと導いている。

大学での5年半は、藤井寺シニアの終盤に身に付けた「選手と距離を置く指導」を継続して行った。言葉を減らし、練習の多くをコーチに任せながら全体を見る。全体練習は時間を決めて、それ以外の時間は選手の好きなように練習させた。その練習には、平等性を持たせ、みんなが同じ経験をして卒業させようと腐心した。時には「中学生は半年でできるようになったんやから、お前らは2か月で覚えられるよな」とハッパをかけながら、選手のやる気を促すことも忘れずに。

「野球の技術指導というよりは、それ以外の指導に明け暮れていた感じがしますね。大学卒業後は、みんな社会人となるわけですから、何より社会性を身に付けさせることを優先していました。また、天理大には教職を取って教員になりたいという学生も多く来ています。彼らが指導者になった時に恥ずかしい思いをしないように、自信を持って指導できる人間になってほしいという思いで指導していました」

試合の中で中村が実践したのは、仰木譲りの「データ野球」だった。

「まずは学生コーチに頼んで、いろいろデータを集めてもらいました。しかし、最初に手元に届いたのはA4の紙切れ数枚でした。それが神宮（全日本大学選手権）に行く頃には30枚程度のレポートになっているんです。『こういうデータがあった方が、選手たちにはプラスになると思うよ』、『お前たちが教員になった時のために、こういう仕事をしたらどうや』と声を掛けたら、みんな寝る間も惜しんでデータをまとめてくれました。次第に試合にも勝つようになっていったので、彼らも面白くなってきたんだと思います。それはもう、本当にもの凄いデータ量でしたから」

また、中村は近鉄時代の先輩で、プロ野球通算87勝の山崎慎太郎を臨時コーチとして招聘。投手陣の本格的な強化にも取り組んだ。山崎は中村の期待に応え、主にチームの抑えを務めていた小山雄輝のフォーム改良に取り組み、先発の柱へと育てた。4年時の小山は春季リーグでベストナインに輝き、秋季リーグでは最下位のチームながら5勝を挙げて敢闘賞を受賞。2010年のドラフトで巨人から4位指名を受け、見事プロ入りを果たしたのだった。山崎はその後、中村の転任に合わせて天理高でも臨時コーチを務めている。

中村が大学で指導を始めた当時は、依然として2年間の教諭歴がなければ高校野球を指導できない旧制度下である。しかし、大学の場合はそれが適用されておらず、申請して認可が下りれば元プロ野球選手でも指導は可能だった。ところが、2013年に学生野球資格回復の規約が改正され、プロ野球経験者の高校野球復帰への制限が緩和されたのを受けて、大学球界も高校と足並みを揃えることとなった。「これを受講しないと、来年から大学の指導はできない」との指摘を受けて、中村が講習会に参加したのが2013年。そして資格回復の認定を受けた2014年2月に、天理高への異動が発表されている。

橋本野球の継承

天理高に異動となった後、中村は野球部のコーチに就いた。２０１１年に復帰した橋本の〝第三次政権〟時代である。

「橋本先生は相変わらずで、そこまで子供たちを縛り付けもせず、コーチに任せて全体を見ていました。当時の僕はコーチという立場だったので、生徒たちも僕には話しかけやすかったんでしょうね。僕にいろいろと質問をしてくる子もいました。高校野球の指導者としては駆け出しの時期に、橋本先生のもとで学ばせていただいた1年半は、僕にとっては大きな意味がありました」

橋本の負けず嫌いは相変わらずで、試合に負ければ帰りの車中は息もできないほどの緊張感に包まれた。信号が変わりそうなタイミングで交差点に進入すれば「危ないやないか！」と怒鳴られ、安全に車を止めようとすると「なんで止まんねん！」と雷を落とされる。車線変更の際も「早よ行け！」、「危ないやないか！」の繰り返し。そのうえ、タバコの本数も増えるから、いよいよ車内は呼吸するのも苦しくなった。

あまりコーチを叱ることのない橋本だが、中村には厳しかった。２０１４年秋の近畿大会では、優勝したにもかかわらず「選手が頑張ったのに、試合後の出迎えがないやないか！」と、観客や保護者のいる前で怒鳴られたこともあった。すでに40代も半ばを過ぎた大の大人が、公衆の面前で怒られること自体が珍しい。しかし、橋本の怒りは鎮まるのも早かった。

「普段が温厚なだけに、スイッチが入れば反動も大きいんです。練習試合に負けた後は、とても『この後の練習は、どうしましょう？』と聞きに行けるような雰囲気ではなくなるので、その時はいつも若いコーチに行かせていましたけどね（笑）」

橋本は２０１５年夏の甲子園を最後に、監督の座を中村に禅譲する。甲子園では春夏通算で11回の指揮を執り、20勝９敗。２度の全国制覇という輝かしい実績を残しての勇退であった。

監督となった中村は、恩師・橋本の指導を継承した。監督としてコーチに練習内容を指示し、練習が動き始めれば専用グラウンド（親里球場）のスタンドか本部席で全体を見ている。個別に技術指導を施すことは、ほとんどない。

「コーチ陣にも『少し離れて見てやれ』と伝えています。『距離を置くことで、選手の方から話を聞きに来るから。選手のことを普段からしっかり見てあげていたら、彼らが何を求めてきても答えを導き出してあげられるはずやから』と。何でもかんでも気づいたことを教えていては、子供たちが『考える』ということをしなくなるんです」

最低限の指導はするが「それ以上は自分たちでコツコツと積み上げていきなさい。その時に分からないことがあれば、指導者に聞きなさい」というのが中村の方針である。

高校時代の中村が、橋本によってそのように育てられてきたのだ。

欲を言えば、中村の現役時代のように、選手の方から「今日はこういうことがしたい」と申し出てきてほしい。橋本は選手の希望を受け入れる代わりに「集中して一生懸命やれ」という条件を出していた。こういうスタイルが形になれば、組織力は一段と強まるはずなのだ。

「よほど僕が怖いのか、それとも〝まだまだ練習しないといけない〟と思っているのか、僕のところへはまだ一度も言いに来たことがありません。ただ、彼らが本当に何か言ってきた時に、橋本先生のように『よし、分かった』と言えるだけの器量は、僕にはまだないかもしれませんね」

平等に指導を行う意味

「僕は近鉄時代に佐々木さんから特別扱いをされた身なんですけど、同じようなことを高校生にしてしまうと〝そのほかの生徒たちはどう思うんだろう。逆に、特別な指導を受ける生徒もどう思うんだろう〟と考えてしまうんです。僕が生徒全員に個別で指導してあげられるのなら問題ないんですが、残念ながら僕にはそういう器用さはありません。それならば、全員と平等に接するためにも、何も言わないことがいいのかな、と思うんです」

その方針は、2018年にドラフト1位でオリックス入りした太田椋を育てる過程でも不変であった。ドラフト候補選手だからといって、練習強度や掛ける言葉の強度を上げることはいっさいなかった。もちろん、特別扱いもしていない。

「普段から選手と一対一での会話はほぼない」という中村が、マンツーマンで声を掛けるタイミングは、その選手にとって、もっとも大事だと思えることを伝えたい時だ。ある選手には進学の話をし、ある選手とは現状の確認をする。太田の場合は、それがたまたまプロ野球の話だったに過ぎない。そして「個別にしなきゃいけない話は、決してみんなの前でする必要はない」と中村は言うのである。

1年夏からレギュラーとして活躍した太田は、入学当初からプロ志望を表明していた。中村は入学間もない太田に対して「高校の間は守備練習をしっかりやりなさい。人と同じことをしていてはダメだ。打撃は後づけで充分間に合うから」と説いた。中村自身、守備に難があったために、プロでポジションを摑めなかった苦い経験があったからだ。

とはいえ、太田には最後の夏を目前に控えた5月頃まで、進学を勧めていたという。大学4年間でもう一度メンタルを強化し、自信を持って次のステップに向かっても遅くはないと考えたからだ。しかし、太田本人が「行ける時にプロへ行かせてください」と強く訴えてきたために、中村は「よし。だったら、それに向かって協力するよ」と言って、その希望を正面から受け止めたのだった。

高校時代を通じて、太田は中村に言われた通り守備強化に専念し、近畿地区はもとより日本を代表する大型遊撃手に成長。高校通算31本塁打という手土産を引っ提げて、プロの世界へと羽ばたいていったのである。

こうして柔和な表情で平等性を説く中村の姿には、人間としての温かさが溢れている。紳士的で低姿勢。一度でも彼と接した者ならば、きっとそのキャラクターに魅了されたことがあるはずだ。しかし、そんな中村も鬼に変わる瞬間がある。

「練習の意図に沿ってできない、やろうとしない、手を抜く。または『甲子園を狙う、甲子園を目指す、甲子園を勝ち抜く』というように、いつも甲子園というフレーズを口にしながら、そこに辿り着こうとしない。そんなことが僕の目に入ろうものなら、それはもう容赦しませんよ」

怒りの矛先がコーチ陣に向く時もある。「お前がそこにいながら、何してんねん！」と、選手の前でビシビシと叱りつけるのである。また、大学の監督時代と同様に、野球以外の部分に対するしつけは殊のほか厳しい。グラブやスパイクが磨けていない、道具を適当に並べる、挨拶ができない。そういった選手に対しては、つい怒りのボルテージが上昇してしまう。保護者と選手が会話することは構わないが、そこで妙な言葉遣いをしていれば「お前、親になんて口のきき方をしてんねん」と釘を刺すことも忘れない。そのあたりは、近鉄時代に師事した佐々木との関係性にも通ずるところがある。

「強打の天理」を作り上げる練習

「守り勝つ野球」が理想とするスタイルである。天理は過去に夏2回、春1回の全国制覇がある。その3回ともすべてが完成度の高い2枚の投手陣を揃えた代なのである。たしかに中村の代には本橋雅央、緑川博之がいたし、2度目の優勝となった1990年の夏には南竜次と谷口功一がいた。センバツで初優勝した1997年も、小南浩史と長崎伸一の2枚を中心に勝ち上がっているのだ。

「大それた言い方をするなら、好投手を2枚作ることができれば、チャンスはあるのかなと思っています」

しかし、天理といえば強打のイメージも強い。むしろ、打ち勝っている印象の方が勝っている感もある。

「攻撃に関しては、打って点を取りたいタイプですね。たとえセイフティバントが成功しても、一塁にしか到達できないんです。でも、打っていけば二塁、三塁とチャンスが広がる可能性もあるし、ホームランが出ればひとりで1点を取ることもできるわけですから。でも、そういう野球がしたいと思ったら、練習からそれ相応の準備をしないといけません」

しかし、全体練習の中でのスイング量は、素振りやティー打撃、フリー打撃を含めて、平日で1日300スイング、土日でもせいぜい500スイングだと中村は言う。全国の強豪校にしては、やや少なくはないか？

「それでも足りないと感じるなら、各自が自主練習で好きなだけ振ればいいだけのことですからね。ただ、少ない数の中でも質は求めます。僕の独断なんですけど、打者に応じてゴロ、ライナー、フライを打ち分けさせるんです。たとえばアベレージヒッターの選手にはゴロ：ライナー：フライを4：4：2、長打力のある選手にはゴロはゼロでいいからライナー：フライを3：7というように。これがある程度の確率で打ち分けられるようになってくると、実際に試合でもそういう打球傾向になっていきます。もちろんアベレージヒッターに力が付いてくれば、その比率を変更します。その結果、ロングヒッターなど違うタイプの打者になってもいいんです。逆に長打力のある選手の確率を上げるために、比率を変えることもあります」

打撃力を向上させるということで言えば、現役時代に「いてまえ打線」の異名を取った近鉄出身の中村である。そこは何より得意分野であり、佐々木から授けられた練習方法も無数にある。しかし、中学生を指導していた時の反省から、プロ時代の練習を引用することはほぼないという。

「プロ時代のメニューでやらせていることといえば、早振り（スイング）と重心を低く沈ませての早打ち（ティー）です。ただ、僕はプロ時代に早打ちをひと箱１００球ぐらい打っていましたが、高校生には絶対に無理なので、せいぜい5から10球を10セットぐらいですね。早振りも１００球連続では負荷が大きすぎるので、10スイングを10セットというように、インターバルを挟みながらやっています。中高生は形作りの時期だと思うんです。なおかつ、ひとスイング、ひとスイングを大切に振らないといけません。数を求めて質が落ちては元も子もありませんからね」

いろんな練習をさせすぎると「頭でっかち」になってしまう危険性がある。そういう選手はメニュー内容が散漫になりすぎて、技術が身に付かないことも多い。したがって、中村は打球の打ち分けなど最小限に絞ったメニューの中で、各自の形を作り上げていくという方法を採っているのだ。

ノーサイン野球

中学生は経験も知識も少ないため、指導者がある程度の方向性を示してあげる必要がある。しかし、高校生になって経験値が上がってくると、選手主導で試合を動かすこともできるはずだ。たとえばラグビーは、試合が始まれば選手だけで試合を作っていかなければならない。監督がサインで選手を動かしているわけではないのである。

「野球も同じようにやった方が、子供たちは面白いんじゃないかな、と考えました。僕が橋本先生のような生徒の希望を尊重するという指導ができれば、生徒の方が自発的に考えるようになり、野球ができるはずなんです」

思考錯誤を繰り返した結果、中村が辿り着いたのは「ノーサイン野球」だった。中村は、公式戦でも1試合の中でサインは出してもふたつ。「三つ出すことは、ほぼない」と言う。サインについては、本当に無頓着なのだろう。ノーサインといっても、本来は相手ベンチから気づかれないように、サインを出している偽装をしなければならない。

しかし中村は「サインを出す時だけシグナルを送っているから、相手ベンチにはバレバレですよね」と頭を掻くのだ。また、試合後のミーティングで「俺、今日サインを出したっけ?」と選手に聞くぐらいだから、よほど固執していないらしい。

「練習の成果をサインによって引き出すことができて、作戦が成功すれば監督冥利に尽きると思うんです。でも、それは『サインを出したことが成功』ではなく、あくまで『サイン通りに成功させた選手の成功』なんです。だったら、サインを出そうが出すまいが、フィールドの主役である彼らが精一杯、正々堂々と戦って勝敗が付いた方がいいのかな、と思います」

振り返って考えてみると、恩師の橋本が生徒の好きなように野球をさせてくれるリーダーだった。試合前のビデオも「見るか?」と聞いてはきたが、中村が「いいえ、結構です」と言えば「そうか」と言って強要することもなかった。だから、中村は大会中のミーティングにも入らない。コーチと選手だけで相手チームの映像を見ながら「ああでもない、こうでもない」と議論させて、データを基に攻略法を割り出す。そして、最終的に結論を下すのは選手なのである。

「コーチも僕が『どうやった?』と聞かない限り、何も言ってきません。それで構わないんです。なぜなら、僕がその情報を必要としていませんから。試合中、捕手に『どうやった?』と確認はしますが『こういうふうに攻めようと思います』と言ってくれば『あぁ、そうか』と言う程度ですよ。バッテリーには『本当に困った時には俺を見ろよ』と言って、球種とコースの指示を送ることはありますが、彼らが『今日は自分たちだけでやりたいです』と言ってきたら、いっさいサインは出しません」

4強に進出した2017年の夏の甲子園では、サインにまつわる裏話がいくつかある。6－0で勝利した大垣日大(岐阜)との初戦で、中村は6点目をスクイズで取った。これは完全にサインによるものだった。

「僕も甲子園の指揮初勝利が掛かっていたし、本当に最後のダメを押したかったんです。大垣日大の阪口慶三監督は、スクイズで点を取りに来る方なので、逆にダメ押しとなる6点目をこちらがスクイズで取れば、一気に相手の勢いと戦意を削ぐことができるんじゃないかと思いました。高校野球って、本当に何が起こるか分かりません。とくに甲子園がそうです。だから、取れる点は確実に取っておかないと怖いんですよ。打席に向かう主将の背中を見た時に、腹は決まっていました。〝ここはスクイズだ〟と」

この大垣日大戦以降、2020年秋の近畿大会準々決勝に至る全公式戦で、中村は一度としてスクイズのサインを送っていない。それほど、監督としての甲子園初勝利に賭ける思いは強かったということだ。

また、同じく２０１７年夏の甲子園、神戸国際大付（兵庫）との３回戦では、１－１の９回裏にベンチの中村と選手たちとの間でミスコミュニケーションが発生し、あわやサヨナラ負けの危機に直面している。一死三塁のピンチを迎えた中村は、満塁策を採るために「歩かせろ」という意味で４本の指を立てたのだが、捕手はこれを変化球のサインと勘違いした。ボールはストライクゾーンから外角低めへと逃げていく。そして、スイングに来た相手打者のバットが、これに届いてしまったのである。

しかし、結果はピッチャーゴロ。結局このピンチを切り抜け、延長11回に勝ち越した天理が勝利を掴むのだが、一歩間違えれば打球がセンター前に抜けて試合を落とすところだったのである。ピンチを凌いでベンチに戻ってきたナインに「敬遠やったのに。でも、なんか勝てそうやな」と笑って語り掛けた中村。

「普段はサインを出さないから、大事な場面でチームが混乱してしまったんです。結果オーライもいいんですが、滅多に出さないサインを出した方がマズいことになるという反省の方が残りました」

仰木の感性＋橋本の理論

２０１７年の夏は「甲子園に行けるかどうか、という代で、甲子園で4強入りするチームになるなんて思ってもいなかった」と中村は言う。自身、コーチとして貢献した２０１５年夏の甲子園メンバーと比較しても、足下にすら及んでいなかったという。

甲子園の組み合わせが決まった後には「僕の初采配のお相手が阪口さんだなんて、本当に光栄です」と語った中村。東邦（愛知）、大垣日大を率いて春夏通算32回の出場で38勝を挙げ、優勝1回、準優勝3回という輝かしい実績を残している阪口は、中村にとっても「名将中の名将」なのである。試合では最後のダメ押し点を、中村としては珍しいスクイズのサインで取りに行ったほどだから、対戦相手として受けるプレッシャーもかなりのものだったはずだ。

「じつはあの試合、もうひとつだけ奇策を仕掛けたんですよ。おそらく向こうは、ウチの先発がエースで右スリークォーターの碓井涼太だと想定していたと思うんです。ただ、どうすれば大垣日大に勝てるかを考えて、導き出した答えが左の坂根佑真の先発だったのです」

試合前に洗い出したデータによると、大垣日大は県大会の6試合中4試合で5点以上を挙げて大勝しているものの、それ以外の2試合は左腕の先発投手と対戦し、軒並み苦戦していたのだ。

そして、甲子園初戦の先発という大役を任された2年生左腕・坂根は「調子はあまり良くなかった」と言いながらも、丁寧に低めを突く投球が冴えて完封勝利を飾っている。

「データに基づいてスタメンを決めるというのは、仰木監督のやり方ですよね。甲子園の初戦は、普通なら背番号1のエースで行きたいところじゃないですか。それが誰も想定していなかった背番号17の2年生左腕を先発させて、完封ですからね」

〝仰木マジック〟の再現で摑んだ甲子園の初采配初勝利については、中村にとってもよほど会心の試合だったようである。

2019年には秋の近畿大会を制したが、この代も「監督5年目で一番力がないチームだった」と評価は辛い。夏休み最後の練習試合では、愛工大名電（愛知）に1‐17という「ラグビーのようなスコア」で大敗を喫している。優勝した近畿大会も、奈良県大会の準決勝で智辯学園に3－13と大敗し、県第3代表としての出場であった。それが近畿大会では報徳学園に7－1、奈良大付に14－0、履正社（大阪）に5－4と難敵を次々に撃破し、決勝は大阪桐蔭に12－4という圧勝である。

そして、神宮大会では仙台育英に3本塁打を浴びながらも8－6と打ち勝ち、準決勝では2020年の中日ドラフト1位・高橋宏斗を擁してこの大会を制した中京大中京に4本塁打を浴びせかけ、9－10と勝利目前の試合を繰り広げたのだった。

「本当に出来すぎな秋でした。彼らの力のMAXが出たんだと思います。全員が10ある力の10を出し切るなんて、滅多にあることではありませんが、近畿大会4試合と神宮大会2試合は本当にそれぐらいの状態でした。『あの試合をもう一度やれ』と言われても、できないような試合ばかりでしたから」

この快進撃の最中でも、中村はサインをほとんど出していないという。近畿大会決勝の大阪桐蔭戦で、相手のリズムを完全に崩したセイフティバント、プッシュバントも、選手のアイデアで行ったものだ。橋本から刷り込まれた「選手の自主性に任せた野球」の浸透を感じさせた秋。ここへ来て、仰木の感性と橋本の理論が、中村の中でますます嚙み合ってきているような気がしてならない。

元プロだけでは強いチームは作れない

２０２１年の1月、天理に近畿6校目のセンバツ切符が舞い込んだ。天理にとっては2年連続のセンバツとなるが、中村が春の甲子園で指揮を執るのは２０２１年が初となる。前年秋の近畿大会準々決勝で大阪桐蔭に4－11の7回コールド負けを喫していたため、半ば諦めムードが漂う中で届いた選出の報せ。これは２０２０年の10月に75歳で天寿を全うした、橋本に捧げる何よりの吉報となった。

ところで中村は、橋本がそうだったように「無欲」の姿勢で甲子園へと臨むのか？

「橋本先生は『日本一』とは言いませんでしたが、僕は言いますよ。『お前たちが天理を希望して入学してきた理由は何だ？』と聞けば、みんなは例外なく『甲子園に出たいからです』、『日本一になりたいからです』と言いますからね。『だったらそれを達成できるだけの練習をしよう。日本一を獲れるだけの練習をしよう』と」

奈良王者として臨む２０２１年のセンバツは、最速１４６キロの右腕、達孝太を大黒柱に立てる。193センチのドラフト候補は、前年秋の大会7試合に先発して6完投。奪三振率11・60と圧巻の成績を残したが、中村は「さらなる1枚」の出現を待っている。

「もうひとり、1試合を任せることができる投手がいれば、全国の上位に行く可能性が開けてくるはずです。前にも述べたように、天理が優勝する時は、いつだって複数の好投手が揃っていますからね」

中村が思うに、甲子園に行く代には、ある共通事項がある。

「いたってシンプルですが〝まとまりの良さ〟があります。そして人間的な成長を感じさせてくれることが多い代は、軒並み甲子園に行っていますね」

2017年の4強世代は、25人のうち5人が大学で主将を任されている。コロナで甲子園を奪われた2020年の代、つまり神宮4強世代も「言われるからやっているという子がいなかった。大学でリーダーになっていけるだけの人材が揃っていた代」と評している。今後も中村は野球界にとどまらず、社会全体に貢献していけるだけの人材を輩出し続けるに違いない。

最後に中村は、プロ野球経験者と高校野球界の関係性についての持論を述べている。

「僕たちプロ野球経験者には、普通の教員として監督をされている方々とは違った野球観があって当然なんです。また、経験値という意味においても、僕らには学校の先生が持っていないものを持っているし、先生方も僕らにはないものを持っていらっしゃる。だから、全部が全部、プロ出身で固める組織よりも、学校の先生がいて、元プロのような技術者がいて、双方が上手く機能すれば、組織としては一番理想的だろうし、生徒にとってもよりプラスな環境が生まれると思うんです。人間は誰しも強みと弱みを持っているんですから、そこを互いの立場で埋め合っていくことができれば、弱みが薄れて強みの大きい組織になっていくのではないでしょうか」

プロ野球という最高峰の舞台で多くの出会いを経験し、個性豊かな指導者に師事した結果、練習の引き出しは格段に増えた。また、チームという組織を通じて、社会性を教えてくれたのもプロ野球の世界であった。

「もしかしたら、アマチュアの指導者になるための11年間だったのかな」

天理監督、中村良二。現行の制度下で学生野球資格を回復した指導者の中では、智辯和歌山の中谷仁と並んで最多の甲子園出場監督となった。

第4章

鹿児島城西
佐々木誠 監督

元首位打者の高校野球挑戦
引き出しの豊富さで作る「チームの柱」

佐々木誠《ささき・まこと》

1965年10月3日生まれ、岡山県倉敷市出身。水島工～南海・ダイエー～西武～阪神～ソノマカウンティ・クラッシャーズ(米国)。現役時代は走攻守の3拍子が揃ったプロ野球界屈指の外野手として首位打者1回、盗塁王2回、ベストナイン6回、ゴールデングラブ賞4回。現役通算で1599安打、打率・277、盗塁242個を記録。西武在籍時には3度のリーグ優勝を経験した。現役引退後はダイエー、オリックスではコーチを、社会人野球のセガサミー、NTT西日本ではコーチと監督を歴任した。ソフトバンク三軍監督を経て、2018年1月に鹿児島城西の監督に就任。2020年には指揮3年目でセンバツに出場(大会は中止)し、チームを初の甲子園出場へと導いた。

メジャーにもっとも近い男

水島工（岡山）で投手としてプレーしていた佐々木誠は、1983年のドラフトで南海から6位指名を受けてプロ入りすると外野手に転向。その後はアベレージ、パワー、スピード、守備力、送球能力のすべてに秀でた選手を指す「5ツールプレーヤー」の代表格として、ダイエー時代の1992年に首位打者と盗塁王のタイトルを獲得。トレードで西武に移籍した1994年にも2度目の盗塁王に輝いた。パ・リーグ屈指のリードオフマンとして2度の最多安打も記録し、守備の名手に贈られるゴールデングラブ賞は4年連続で受賞。ベストナインにも6回選出と、じつに華々しいキャリアを築いている。

1988年の日米野球は、現役時代のハイライトのひとつとなった。このシリーズにおける最大の注目選手は、同年のワールドシリーズMVP、オーレル・ハーシュハイザー（ドジャース）である。ハーシュハイザーといえば、その年に23勝を挙げて最多勝を獲得したばかりか、59イニング連続無失点のMLB記録を樹立するなどして、サイ・ヤング賞にも輝いた当時の現役最強右腕だ。そのハーシュハイザーから佐々木は本塁打を打ったことで、その名は一躍日米球界に広く知れ渡ることとなった。

この活躍により、後にダイエーと西武との間でトレード相手となった秋山幸二とともに「メジャーにもっとも近い男」と称えられ、その後も日米野球が開催されるたびに「メジャーでも充分にやっていける」、「アメリカに連れて帰りたい」と高く評価され続けたのだった。

２０１８年1月、その佐々木が「鹿児島城西の監督に就任した」というニュースは衝撃的だった。２０１３年の規約改正で元プロの高校野球監督は激増したが、現役時代にこれほどの実績を残し、名声を得た選手の監督就任は極めて珍しい。ましてや、佐々木は鹿児島に来る直前までソフトバンクの三軍監督として、ＮＰＢのユニフォームに袖を通していたのである。

まずは現役引退から高校野球の監督に転向するまでの経歴について、あらためて紹介しておこう。

アメリカで目の当たりにした「本場のコーチング」

佐々木は南海・ダイエーに9年間在籍した後、移籍した西武で5年間プレー。西武では3度のリーグ優勝を経験した。その後、金銭トレードで阪神に移籍して2年間プレーしたが、2000年いっぱいで退団。ここで佐々木は、ようやく渡米を決意する。「メジャーにもっとも近い男」と言われた日から、12年の歳月が経っていた。

MLBとの選手契約はならなかったものの、佐々木は独立リーグのソノマカウンティ・クラッシャーズに入団する。日本のリーディングヒッターとしてチームの中心選手に君臨し、83試合で打率・290という好成績を残したあたりはさすがである。

もちろん当時は「MLB入りを目指してのチャレンジ」と報道されていたが、実際はそうではなかったと佐々木は言った。

「プレーもさせていただきましたけど、現役についてはさほど興味はありませんでした。僕が海を渡った最大の理由は、アメリカのベースボールを学びたかったからです。指導者になりたい気持ちが強く芽生えていたので、野球の原点にあるもの、アメリカの指導方法や練習スタイルを勉強したかったんです」

最大で17時間にも及んだバスでの長距離移動中に、ファストフードばかりを食べていることから、通称「バーガーリーグ」とも呼ばれるアメリカの独立リーグは、想像以上のハングリーさに満ちていた。そして、選手たちのたくましさも日本人の比ではなかったという。

「コーチの指導スタイルが選手たちを強くする要因のひとつだ」と、佐々木は感じ取った。アメリカでは日本とは違い、コーチが手取り足取り指導することはほぼない。何かのアドバイスが欲しくても、選手が聞きに行かない限りは指導してくれないのだ。もちろん日本のように、コーチに言われた通りにやらないと叱られたり、試合に使ってくれなかったりすることなどは皆無だった。

「アメリカでは、選手に考える力がないとやっていけません。だって、コーチが指導してくれませんからね。しかし、選手自身が上手くなるために『どうすればいいですか?』とヒントをもらいに行けば、様々な指導方法で選手たちを導いてくれるんです。指導のための引き出しを多く持っているのは、間違いなく日本よりもアメリカの指導者でしょうね」

コーチが自ら選手たちに歩み寄ろうとしないのだから、自分でなんとかしないと道が開けない。将来のＭＬＢ入りを狙う若い選手の中には、日本のタイトルホルダーである佐々木に対して敬意を払い「どうやって打っているんだ」とすがってくる者もいたという。そういう環境で培われるハングリー精神と野球脳は、環境が恵まれすぎている日本人選手よりも発達しているのは当然だと佐々木は言う。

最近では日本でも〝考える力〟の重要性が叫ばれるようになったが、それでもまだまだ不充分だと佐々木は感じている。

「動画サイトなどで簡単に多くの情報が入手できるのは結構なことなんですが、ほとんどの者はそこから得られる表面上のモノマネで終わっているんですよね。無駄な情報もたくさん入ってしまう。溢れ返った情報の中で頭でっかちになることと、野生動物のようなサバイバルの中で培われたアメリカ人選手の考える力って、まったく別物だと思います」

社会人野球が教えてくれたスポーツマンシップ

佐々木は現役を引退後、ダイエー（ソフトバンク）やオリックスでコーチを歴任し、社会人のセガサミーやＮＴＴ西日本では指揮も執った。学生野球資格回復のための講習会はＮＴＴ西日本の監督を務めていた２０１３年に受講し、翌年３月に資格を回復している。

とくに「野球人生において、最大の転機となった」という社会人野球への転向は、その後の指導者生活においても非常に大きな出来事だった。２００６年に新しく創部したセガサミーのコーチとなり、２００８年からは監督として陣頭に立った。

コーチ1年目にはするすると東京第1代表決定戦に進みながら、そこからまさかの5連敗で本戦出場を逃す。社会人野球の厳しい洗礼を受けるのであった。

「僕は大学に行っていないので、プロでの現役中も心のどこかに〝大学に行っておけばよかった〟という思いを常に持っていました。以前から社会人野球には興味はあったたんですが、高校から直接プロに行っている自分にチャンスはあるのかなと思っていたところで、オファーをいただいたんです」

社会人野球では、アマチュア野球の素晴らしさに直面した。高校時代は「しんどい練習と説教以外の記憶があまりない」という佐々木だが、社会人野球では一発勝負の怖さや喜び、楽しさを味わうことができた。

初めて都市対抗に出場した2007年。まずは会社同士が試合前に行うエール交換に、大きな感動を覚えたという。

「凄いな、社会人野球は。これから試合をするという時に、互いに健闘を讃え合うんですよ。涙が込み上げてきました。あらためてスポーツマンシップの素晴らしさを感じました。今でもあの光景を思い出すたびに胸が熱くなります」

高校時代にも試合前のエール交換はあったかもしれないが、何より練習の過酷さと説教の理不尽さしか記憶にないのだから覚えているはずもない。プロ時代も、外野からの応援はほとんど耳に入ってこなかった。打席では全集中。聞こえてくるのは投手の呼吸、捕手の息遣いのみ。あえて応援の声を聞かないようにしていたのだという。

「都市対抗本戦にしても、予選にしても、緊張感が凄まじかったですね。プロでもあの緊張感はなかなか味わうことができませんよ。常に日本シリーズの第7戦を戦っている感覚なので、1試合を終えた後の疲労感は凄かったです。僕はあの舞台に監督やコーチとして出場しましたが、やはり選手としても経験しておきたかったと強く思いました」

2011年からはNTT西日本で打撃コーチを務め、翌2012年から監督としてチームを率いる。社会人時代はスカウティングのために大学球界へも頻繁に足を運んだ。「こんなに楽しいとは思わなかった」というほどアマチュア野球を満喫していたが、セガサミーもNTT西日本も高校生選手の獲得が認められていなかったので、高校野球界との接点だけが作れずにいた。

高校生に伝えたい「野球のイロハ」

その後、ソフトバンクのコーチとしてNPBに復帰したため、いったんは学生野球資格を喪失したが、退団した2017年11月に、さっそく資格を回復していた。

しかし、佐々木ほどの実績があれば、NPBや独立リーグ、社会人クラスのチームからオファーが集中しそうなものだが、あえて高校野球の道を志したのには理由がある。

きっかけは、プロでコーチを務めていた時に感じた〝危機感〟だった。

「プロに入ってくる最近の子たちを見ていると、たしかに打つだけとか、球が速いだけとか、ひとつのことには長けている。ただ、野球は打って、走って、守って、投げて、さらに自己犠牲も求められるスポーツです。バランスよくスキルを備えていないといけません。また、高卒1年目の選手には〝野球のイロハ〟を知らない子も多かった。1から10のうち、5ぐらいから指導を始めればいいかなと思っていても、5どころか1すら理解していない子もいます。野球界のために、そのあたりを改善していかないと、ちょっとまずいなと常々感じていたんです」

すぐに佐々木は「全都道府県で指導可能」として学生野球指導登録届を提出。また、プロ野球OBクラブ内には登録制の就職サイトのようなものがあり、そこに全国各地で指導者を募集している学校が公表されている。当初は居住地の兵庫県から近い学校を探したが、佐々木が理想とした環境を揃えて真っ先にオファーを繰り出してきたのが、鹿児島城西だった。

「僕としてはやるからには強かろうが弱かろうが、そんなことはいっさい関係ありませんでしたね。第一に〝甲子園に出たことがない学校で挑戦したい〟という気持ちが強かった。〝学校初〟という歴史を作りたかったので。甲子園に出ているチームだとOBからのプレッシャーだとか、いろんなしがらみも強いでしょ。そうしたものに足を引っ張られることなく、縁もゆかりもない土地で、自分のやりたいようにやらせてくれる学校。それが鹿児島城西だったんです」

鹿児島城西という名前は、まったく知らなかったと佐々木。しかし、縁もゆかりもない土地どころか、両者が非常に濃い縁で結ばれていようとは。

「妻のお母さん、つまり義母が鹿児島城西の前身にあたる照国高校のOGだったということを、就任後に知ったんですよ」

佐々木の鹿児島行きは、宿命づけられていたといってもいいのかもしれない。

丸刈り禁止の効果

現役引退後も様々なカテゴリーで指導者を経験している佐々木だけに、その指導スタイルは独特だ。

まず、就任と同時に高校球児の象徴である丸刈りを禁止した。

「長髪でもいいよ。カッコよくやろうぜ、と。野球は楽しいものだし、野球選手はカッコよくなくちゃいけないんです」

長髪の許可が、風紀の乱れや空気の緩みに繋がったことはないと佐々木は言う。むしろ、学校生活が格段に良くなったと感じるそうだ。

「今までは授業中に寝たり、提出物を忘れたりしたら清掃活動が課せられていました。でも、僕は彼らから野球を取り上げたくはありません。だったら、五厘刈りにするよ、と。これは強制ではなく、チームの中での約束事であり、学生としての本分やルールを守れなかったペナルティとして、全員が理解しています。当然、毎朝鏡をのぞいて〝お、今日は決まっているな〟と頷いている彼らは、五厘なんてしたくない。だから、部の秩序が良くなるんです。責任感を持って行動するようになるので、学校生活も良くなりますよね」

本分を全うすることの重要性は、社会人野球の監督時代に身に付いたものだという。当時も選手には「社業は社業。仕事を残した状態でグラウンドに出てくるな。任せられた仕事はその日のうちに終わらせなさい」と伝えていた。

佐々木は生徒からのリクエストには、極力応えようとする。「炭酸を飲みたいです」、「夜食にラーメンが食べたいです」。「よし、ＯＫ」といって要望を受け入れるが「その代わり、俺の練習にはしっかり付いてこい」、「学校内で問題が起きたり、学校のルールを破ったりしたら五厘だよ」と交換条件を出すのである。

ミーティングでは、こんな言い回しで選手に周知しているらしい。

「君たち、野球さえできればいいと思っているのなら大きな間違いだよ。学生の本業は学業。そこを優先するから部活動が許される。本業を疎かにして野球だけ頑張ったところで、何も成長できないから。学校のルールをちゃんと守って、勉強もして、部活動もして、それで野球が強くて髪も長かったらカッコいいだろう」

「縛り」と「解放」

選手は長髪、練習中のグラウンドには軽快なＢＧＭ……。アメリカのベースボールに強い影響を受けている佐々木のチームには、どこか奔放なイメージが付きまとう。しかし、縛るところは厳しく縛っている。基本的には選手の長所を伸ばすための「個の練習」に主眼を置いている佐々木だが、冬場の練習は選手から自由を奪うのである。

「冬場の練習はチーム全員でやる練習です。たとえばバント練習、バスター練習に徹したり『こういうスイングで打つぞ』、『フライは絶対に打つな』、『インナーをしっかり強化しよう』だったり、チームとしての決め事を設定するんです。全員でそれだけに集中して取り組む。中には〝自分が作りたいスイングはそうじゃないんだけどな〟と思っている子がいるかもしれない。ただ、普段は好きなように空を飛ばせている彼らの翼を、冬の間だけ取り上げちゃうんです」

佐々木による縛りは、対外試合が解禁される3月8日の1か月前まで、約2か月に及ぶ。そしてシーズンが始まると「ここからは自分の長所を伸ばしなさい。自分が伸ばしたいと思っていることに、どんどん取り組みなさい」と言って、思い切った方針転換を行うのだ。この縛りを開放して翼を与えた時、選手たちはとてつもない力を発揮するのだと佐々木は言う。

「打ち方にしても、投げ方にしても、2か月間も自分の形を奪われていたわけですからね。ここからは自由にやっていいと言われた時点で、彼らは各自が理想とするスタイルを目指して取り組み始めます。当然のように打者ならオーバースイングになるし、投手なら力んでボールがどこへ抜けるか分からないほどバラバラになるんですけど、冬の間に蓄積してきたものを考えて活かすことができれば、こちらの想像以上に動くようになりますよ」

失敗＝後退ではない

自らが持つ最大の武器は「指導の引き出しの多さ」だと佐々木は言う。野球に関しては、どんな対応もできる。選手からどんなアドバイスを求められようとも、慌てなくて済むだけの引き出しは持っていると断言するのだ。

「もちろん、すべてが上手くマッチするとは限りません。そういう時には別の引き出しから別の指導法を引っ張り出してきて、選手に提示してあげる。本当にトライアンドエラーの繰り返しなんですよ。複数の方法論を示してあげたら、あとは本人が何をチョイスするか。野球には正解がないのだから、引き出しは何種類もあった方がいいに決まっていますからね」

たとえば、打撃の確率を上げたいと悩んでいる選手がいたとする。ひとつのことを言い続けないのが佐々木のスタイルだが、それも引き出しの多さがあるからこそ可能な指導方法だ。その日の指導と、翌日の指導は、まったく別のものになることもある。同じことを言い続けるのではなく、その選手の先を見据えたアドバイスを日々更新していくことで、選手たちをステップアップさせていくのである。

「選手を後退させないことが大前提ではありますが、あえて何段階も前の状態に戻し、違うアプローチを用いて成長を促すこともあります」

プロを経験したからこそ、多くの引き出しを持つことができたのは間違いない。しかし、野球に関しては日々成長を続けてほしいと願う気持ちの表れが、引き出しの多さにも繋がっているのではないかと強く感じるのである。

「野球の面白さを伝えているつもりです。上手くできなかったり失敗したりすることも多いんですが、失敗しても後退するわけではありません。成長するためにも、失敗は必要なんです。すべての失敗は〝成功への道〟を作る土台になるので」

そうした指導の中で、チームとしての在り方も確立されつつあるようだ。目指すは「勝つことよりも負けないチーム」。負けないために自分たちが何をしなければいけないのか。そのポイントから逆算して物事を考えなさいと伝えている。これを佐々木は「プロセス重視のチーム作り」と言う。

首位打者、降臨

時に佐々木は、練習中に実演指導を行うことがある。冬には30m先にネットを置き、それに向かって打つ遊び感覚の的当てティーを取り入れている。ここで選手たちに伝えていることは「全力で振りなさい」というひと言のみ。しかし、どの選手も力が入るのか、狙いすぎるのか、打球方向がバラバラで一向に的中しない。これを見かねた佐々木は「ちょっとバットを貸せ」と言って選手たちの前に出ていく。「狙っているボールの面とバットの面をしっかり合わせたら、自分の意図したライナー性の打球が飛んでいくんだよ。よく見ておけよ」と言って、たったひと振りで見事に30m先のネットに突き刺すのである。

「どういうバットの軌道でボールに当てれば、打球が真っすぐ飛んでいくか。みんな打球がスライスしたり、フックしたり、とんでもないところにゴロが転がっていったり。そういう選手は、まだまだボールが見えておらず、バットの軌道もバラバラなんですよ。一度でもその正しい打ち方を覚えてしまったら、歳を取ってもしっかり打てるんです。もちろん飛距離は出ませんけどね（笑）。とにかく、打球を真っすぐ飛ばすコツを覚えれば、打球方向を打ち分けることもできる。そのコツを早めに覚えなさい、ということですね」

佐々木の〝ホールインワン〟には、グラウンドにいたすべての者が度肝を抜かれた。こうしたプロの技術を垣間見せることによって、指導に説得力が増すだけでなく、監督としての求心力も高まっていくのは間違いない。しかも、佐々木は投手出身であり、外野手としてもゴールデングラブ4回の達人だ。もちろん走塁指導には盗塁王2回の実績も活きる。投・打・守・走のジャンルにおいて、技術指導できるのは佐々木ならではの強みなのだ。

練習量より集中力の強化を

「基本的にやっている練習はプロも社会人も、もちろん高校生であっても同じなんですよ。ただ、各カテゴリーで練習量、つまり数が違うんです」

と、佐々木は言う。高校生にプロや社会人といった大人と同じ練習時間や同じ本数を課しても、肉体が悲鳴を上げてしまう。目安としてはプロ・社会人の1／3ぐらいに落としているという。

ちなみに、練習量でいえば社会人がもっとも厳しかったと振り返る。プロ野球選手の場合は個人事業主で、常に〝数字〟が付きまとってくる。「プロのコーチは、育てることよりも数字を残してあげられる指導ができるかどうか」と佐々木。一方、社会人の選手たちは会社を背負い、会社のサポートがなければ野球を続けることができない。当然、練習には厳しさが不可欠で、打者には1日2000本以上は振らせていたという。

高校生に社会人と同じ基準で接し、量を課すことは酷である。むしろ「量をこなす練習よりも、1球への集中力をいかに高めていくかという練習に重きを置くべきではないか」と考えている。その方が、技術の習得は早いのだという。

先述の的当てティーにも、そんな狙いが込められている。何も考えずに惰性で打っている間は、打球はどこへ飛んでいくか分からない。だから佐々木は「10球ネットに当てたら終わり」とルールを設け、選手たちに集中力を求めているのだ。なお、この練習はプロでの指導者時代にも取り入れていたメニューのひとつだった。

「プロの選手でも10球がなかなか当たらないんですよ。だったら5球でいいよ、と。『5球だけでいいから、イメージ通りにマン振りをして、なおかつ芯に当てて、イメージ通りの打球が飛んだら終わってよし。ただし、スイングも打球も100点満点じゃなきゃダメ。99点でもダメ』と言ってね。100点を求めるのか、1点を妥協してしまうのか。僕が現役の頃には、100点の打球を5球打つのに2時間かかっていましたよ」

それほどの集中力を持って打席に立たねば、結果を残せないのがプロ野球の世界。感覚をギリギリまで研ぎ澄まし、練習に集中する。気がつけば、そうした経験の積み重ねがスキルとなり、選手のパフォーマンスも向上していくのである。

「高校生なら、3球でOKかな。それでもなかなか終わりませんけどね」

２０２１年に楽天監督に就任した石井一久にまつわるエピソードも、佐々木から聞いた。ヤクルト時代に監督の野村克也から「２球連続でアウトローに決まったら終わってよし」と言われてブルペンに入ったものの、結局２００球近く投げ続けることになったという。ゲーム感覚の練習とはいっても、さすがにプロフェッショナルたちの練習には凄みがある。

授業で見出す選手のポテンシャル

佐々木は講師として保健体育の授業を担当している。オールスター出場6回のスター選手だったあの佐々木誠が、高校野球の監督だけにとどまらず、学校で授業をしているという事実に衝撃を覚える読者も少なからずいるはずだ。

「言い方は悪いんですが、授業に関してはボランティアだと思っています。僕の本業はあくまで野球なので。それでもヘアーデザイン科やトータルエステティック科の女子生徒と触れ合ったり、野球部員と授業の中で接したりすることができるので、非常にいい経験というか、僕にとっての大きな強みになっていると感じますね」

グラウンド以外で野球部員に接することで、意外な一面を知ることができる。野球の時は歯を食いしばって耐えている生徒が、授業では本当に楽しそうな表情を浮かべている。そうやって楽しく野球ができれば、もっと上手くなれるのにと感じることもあれば、「そういう子には、こういう指導法が合うのかもしれないな」と授業を通じて気づかされることもある。

また、眠らせたままのポテンシャルを、授業によって見出すこともある。そんな特技を持っているのなら、こういう活かし方ができるかもしれない。授業を受け持つということは、高校野球の監督としてプラスになることばかりだ。

何より現代っ子の考え方を知ることができる。思考とは、時代とともに変化を続けるものだ。それを捉えながら指導に活かせるか否かが、指導者としての重要な資質になってくるのではないか。これは決して元プロ監督に限った話ではないはずだ。

「人」を育てたふたりの恩人

プロで最初のキャリアを過ごした南海で、打撃コーチを務めていた山本一義と長池徳士というふたりの恩人に出会う。

広島の外野手としてプレーした山本は、指導者として古巣の広島をはじめ近鉄、ロッテ、南海を渡り歩き、ロッテでは2年間監督も務めた。長池は阪急の四番打者として本塁打王3回、打点王3回に輝いたパ・リーグ屈指の右打者である。引退後に阪急、西武、南海、横浜、ロッテで打撃コーチやヘッドコーチを歴任した。

「お二方とも厳しかったですね。〝何を貴様！〟が口癖の山本さんは、とくに厳しかったですよ。練習後に『終わりました』と報告に行くと『何を貴様！　もう100打て!!』とか平気で言っていましたからね。マメが破れて血が固まり、バットから手が離れなくなるぐらいに振らされました」

「とにかく上から押し付ける指導ばかりだった」と当時を振り返る佐々木だが、楽しそうに昔話を語る姿からはふたりの恩師に対する敬意が充分に見て取れた。そして、遠くを見つめながら「あの時間がなければ、その後の活躍はたぶんなかっただろうなぁ……」と言うのである。

「おふたりからは『必ずお前たちを一軍に上げる』、『一軍でレギュラーを取らせる』という強い思いが凄く伝わってきましたね。当時、徹底指導を受けたのは僕と岸川勝也、湯上谷竑志（当時は宏）の3人です。僕と岸川は同級生で、湯上谷はひとつ下。〝絶対に若いこいつらをチームの中心に育て上げる〟という思いだったんだと思います。長池さんも、西武では秋山幸二さんをチームの中心打者に育てている。コーチとして、人を育てるということに特化されていました。まわりが何を言おうと関係ないんだという信念がありました」

岸川は南海の四番打者に成長し、湯上谷も遊撃手・二塁手として3度のシーズンフル出場を果たすなど、チームの顔へと成長している。

首位打者１回、盗塁王２回、ベストナイン６回、ゴールデングラブ賞４回。現役通算で1599安打、打率・277、盗塁242個を記録。西武では３度のリーグ優勝を経験

「本物の野球」を叩き込んでくれた伊原春樹

「弱かったダイエーから、一転して常勝軍団に身を置くことになったおかげで、僕の野球観は変わりました」

佐々木は1994年に西武へと移籍した。佐々木、村田勝喜、橋本武広と、秋山幸二、渡辺智男、内山智之との間で成立した3対3の大型トレードは、球界を揺るがすほどの大ニュースとなった。

佐々木が移籍した時点で、西武はリーグ4連覇の最中にあった。監督の森祇晶は在任9年目で、前年までにリーグ優勝7回、日本一を6回達成している当代きっての名将である。

「森さんは本当に大らかな方でした。叱ることもないし、いつも『おぉ、そうか、そうか』という具合に頷いてばかり。それでも『俺に任せておけ』という器の大きさはあったし、勝負に対する厳しさも間違いなく持っていらっしゃいました。本当に名将だったと思います」

もうひとり、当時の西武ベンチにはキーマンが存在していた。伊原春樹だ。後に西武、オリックスで監督を務めることになる伊原は、一軍守備・走塁コーチとして三塁コーチャーズボックスに立っていた。１９８７年の日本シリーズで、秋山のセンター前ヒットで一塁走者の辻発彦（現・西武監督）が一塁から一挙に本塁を陥れた際、三塁ベースコーチとして腕をぐるぐる回しながら本塁突入を指示した人物である。策士である一方で、当時の西武では「鬼軍曹」として恐れられてもいた。

「森さんの内面にある厳しい部分を汲み、選手の前でそれを体現していたのが伊原さんでした。だから、伊原さんの言葉は森さんの言葉でもあった。トップダウンの組織の形というものが完成されていましたね。当時のプロ野球界では断トツの組織力だったと思います」

移籍してきた佐々木に対しても、伊原は容赦がない。秋山とのトレードは、即チームの中心選手としての活躍が求められるということでもあった。山本、長池の時と同じように、伊原もチームの核となる選手を育てていた。選手に対する扱いはみな平等ではあったが、清原和博、伊東勤らと並んで、いつも佐々木は叱られ役に回っていた。いったい何度「お前たちがやらないと、まわりは誰も付いてこないんだ」とどやしつけられたか分からない。

西武はこの年にリーグ5連覇を達成し、佐々木自身もプロ入り後初の優勝を経験することになる。しかし、チームは黄金時代を支えた主力が相次いで離脱していく過渡期にあった。秋山が去り、翌年には最強軍団の野手陣を束ねてきた石毛宏典とエースの工藤公康が揃ってダイエーに移籍。それでも、チームに残された選手の意識は異常なほど高かったと佐々木は振り返る。

「伊原さんも『当たり前にできることは当たり前にやれ。当たり前のことができない奴はいらないよ』と常々お話しされていたので、ベンチ内の緊張感というか臨戦態勢が凄かったです。たとえ控えの選手でも、自分がどういった場面で使われるということを理解していました。言われてから動くようでは遅いので、代打や代走に出ていく選手たちも、準備にかける目の色が違いました。そして、全員に徹底されていたのが自己犠牲の精神です。そういう意味では、強いチームの野球を僕に叩き込んでくれたのは伊原さん。僕に本物の野球を教えてくれた恩人が伊原さんなんです」

チームの柱を据える

プロ時代に出会った様々な恩師の指導スタイルは、現在の指導の中にも活きている。

佐々木は、山本・長池イズム、そして伊原による「チームの柱を作る」という方針を踏襲している。実際に、学校初の甲子園出場を果たした2020年のチームは、八方悠介（九州産業大）と前野将輝（JR九州）というダブルエースを中心にチームを作った。また、そのチームでスタメンの半数を占めた下級生たちは、そのまま次のチームの中心人物に据えている。

「チームの柱を作るということは、決して贔屓をしているということではありません。彼らに力があるからこそ、チームの中心に据えないとまわりが付いてこないんです。そして中心に据えられた選手には、周囲を納得させるだけの結果が求められる。これが思いのほかきついんです。もちろんほかの選手に対するフォローも忘れてはいけません」

八方と前野はともに140キロ超の本格派投手として、2019年秋の九州大会4強進出の立役者となり、学校初の甲子園出場を勝ち取ってみせた。佐々木の狙い通り、結果によって周囲を納得させたのだった。

佐々木は常勝軍団の組織作りを体感している。それは今現在における、究極の理想とするチーム形態だ。しかし、プロと高校生では能力値が違いすぎるので、まったく同じやり方を踏襲しようとしても難しい。ドラフト上位候補の選手が揃っていなければ、そういうチーム作りも容易ではないだろうが、少しでもそこに近づいていきたいという気持ちは常に持っている。

「圧倒的な強さはなくても、総合力で勝っていけるチームが理想です。打率・270ぐらいの打者しかいなくても、チーム防御率が2・20〜30なら充分に勝てますから。そういうスタイルでも負けなかったのが当時の西武です。投打ともにチームの柱がしっかりしていたので、1‐0でも2‐1でもしっかり勝っていた。高校野球の世界でも、そういう野球がしたいですね」

野茂、落合、イチロー

ここで同じ時代にプレーした選手の中で、とくに圧倒的と感じた選手を投打で挙げてもらった。

投手なら野茂英雄（当時近鉄）の名を挙げた。決して相性が悪かったわけではないというが、とにかく嫌な投手だったと佐々木。

「通常、右投手は三塁側のプレートを踏んで投げてくるんですけど、彼は一塁側を踏んで投げてくるから、右投手でありながら左投手のような球筋なんですよ。左打者の内角球は完全に左投手の角度でした。だから、違和感が凄いんです。フォークも左投手の球筋で、そのうえ直球もフォークも一流のボールですから、怖さや気持ち悪さがある。本当におかしな感覚でした」

その後、日本ハムのエースだった西崎幸広も野茂を真似て、一塁側のプレートを踏んで投げてくるようになった。それ以前はカモにしていた右腕だったが、一転して打てなくなったという。この2投手に対する苦手意識は、結局最後まで拭い去ることができなかった。角度が変わるだけで、状況は何もかも一変する。そうした経験も、投手や打者に対するアドバイスとして今に活きているそうだ。

同じ打者目線で見た時に名を挙げたのは、落合博満（当時ロッテ）とイチロー（当時オリックス）だった。

「内角だから引っ張るだろうと思ったら、ライトスタンドに放り込む。外野を守っていて、落合さんほど守りづらい打者はいませんよ。そして落合さんの打球は、いつまでたっても落ちてこないんです。本当に技術力の高さには圧倒されましたね。イチローもコースや球種はまったく関係なかったし、足もある。とくに僕ら外野手は彼の足に対して長打を警戒しなきゃいけなかったので、守っていても凄いプレッシャーをかけられていた感じがありました」

また、佐々木にはプレーする上での球場の得意、不得意もあったという。やはりプレーしやすかったのは、本拠地だった西武球場（現メットライフドーム）だった。マウンドが低いので、センターを守っていても打球をミートする瞬間がひときわ見やすかったそうだ。外野が狭く、いびつな形状をしている東京ドームも、狭いぶんだけポジショニングを取りやすい球場だったという。

逆にもっとも苦手としていた球場が神宮球場だった。原因は、デーゲームの太陽だ。バックネットの向こうから太陽が絶えず照り付けているので、どの時間帯であっても守備側は太陽が目に入ってしまうのである。逆に打席に立てば、太陽に照らされた投手が凄く近くに感じたという。また、絶えず眩しさを感じているからグラウンドが左右対称には見えず、とくにライト側が狭く感じたらしい。大学野球や神宮大会で学生選手たちのほとんどがサングラスをかけてプレーしているが、それは許可してあげないと昼間は本当に危険だと佐々木は言った。

「狭いから慣れたら凄く楽な球場なんですけど、慣れないと大変な球場ですよ。僕は最後まで慣れなかったです。こういう経験も、必要とあらば選手に話もできます」

一族ふたりめの首位打者

なお、2020年にセ・リーグの首位打者に輝いた佐野恵太（DeNA）は甥っ子にあたる。佐々木の実妹の子が佐野である。なんと一族からふたり目のＮＰＢ首位打者が誕生したというわけだ。

佐野は高校時代に広陵でプレーし、明大へ進学。２０１６年のドラフト９位でＤｅＮＡに入団した。親戚が集合する年末には、幼少期からバットを持参し、伯父の佐々木に打撃指導を願い出ていたという。たしかに打撃は非凡なものがあった。ＮＴＴ西日本の監督時代に練習に来ていた時も、逆方向への柵越えを連発していたという。

しかし、野球選手のトータルパッケージを、決して佐々木が高く評価していたわけではない。

「打撃センスはあるけど『ちょっと守れないよね。一度、社会人を経由してからでも遅くはないんじゃないか』という話はしていましたが、まさかここまでの選手になるとは……」

佐野がプロ入りする際には「最初の２、３年が勝負になるから、一生懸命やること。とにかく自分の力を発揮できさえすれば活路は開けるぞ」とアドバイスを送った。可愛い甥っ子は佐々木の助言通りに３年目で才能を開花。勝負強い打撃をアレックス・ラミレス（当時監督）に買われて大抜擢を受けると、シーズン終盤には筒香嘉智（レイズ）

に替わって四番も任されている。

２０２０年は主将に任命され、出場したすべての試合で四番を務めた。リーグトップの打率は・３２８、本塁打もキャリアハイの20本を記録している。

「最後に怪我で離脱してしまったけど、首位打者にベストナインは本当に大したもの。本人から『ベストナインをいただきました』と電話で報告があったので『来年は3割、30本、そして〝3盗塁〟のトリプルスリーを目指しなさいよ』と伝えました（笑）」

甥っ子の出世話をしている時の佐々木は、なんとも表情が和らぐ。

イケると思えば負け、無理だと思えば勝つ

鹿児島城西を率いて2年目の秋に、九州大会4強に進出。その結果、２０２０年のセンバツ出場校に選出され、当初目標に掲げた「学校初の甲子園」を3年目で達成した。

「前年のチームの方が力は上だったし、２０２０年も〝あわよくば夏に〟というぐらいにしか考えていませんでした。ただ、イメージよりは1年早かったですね」

甲子園初出場を果たした前の代には、小峯新陸（楽天育成）という189センチの本格派右腕を中心に、甲子園組のダブルエースとなる下級生の八方、前野がいた。佐々木も「狙える」と意気込んで臨んだものの、秋は県準決勝で、夏は4回戦で敗れて甲子園には届かなかった。

「〝イケる！〟と思って勝てない。これは、監督生活における3度目の失敗でした。それ以前は社会人で2度。〝都市対抗の優勝も狙えるぞ〟と思った年ほど予選で負けてしまうものなんです。自分の中では、強いチームを作りすぎるとここ一番で勝てないという印象がありますね」

甲子園に出場した2020年組は、スタメン野手の半数を下級生が占めていたこともあり、前チームほどの力がなかった。八方、前野の両投手だけで秋は勝ったに過ぎないと、後に佐々木は振り返っている。

しかし「イケる」と思った時ほど勝利には届かず「これでは絶対に無理だ」と頭を抱えた時ほど勝ってしまう。選手たちが力のなさを自覚していれば、夏場の苦しい練習も反骨心を持って耐えてくれる。この年代がまさにそうだったと佐々木は言った。力のない代こそ、試合ごとの伸び率は大きい。若いチームだけに、伸び率が大きければ大きいほど、勢いは加速するのだろう。

「僕が肩肘を張らずにゲームに臨んでいたから、好結果に繋がったのかもしれません。その年の秋は鹿児島県の決勝で鹿児島実に敗れましたが、この時は僕の中で〝どうしても鹿実に勝ちたい！〟という思いが強すぎて、それが選手たちの力みに繋がってしまいました。フラットなスタンスで『気楽にやってこいよ』と送り出してあげた方が、今の子供たちは力を発揮してくれるのかもしれませんね」

4強入りした九州大会での佐々木は、大らかな気持ちで選手を試合に送り出し、選手の潜在能力を見事に引き出してみせた。逆に「どうしても負けられん」という気持ちが色濃く出てしまった準決勝の大分商戦では、佐々木の力みが選手たちに伝染してしまい、逆転負けを喫している。

「相手投手の川瀬堅斗君（オリックス育成）が教え子（川瀬晃／ソフトバンク）の弟さんだったということもあり、負けたくないと僕自身に力が入ってしまいました。そうなってしまうと、選手もバタついて失策を連発したり、バックアップを怠ったり。僕も不安や異変に気づくことができませんでした」

先発したエース・八方の爪が割れていたことに気づいた時、試合は完全に相手のペースで流れていた。

甲子園は別世界だった

出場の権利を手にしていた第92回センバツは、新型コロナウイルス感染拡大の影響で史上初の中止となってしまった。報せを受けた当日、佐々木は無念さを押し殺しながら「非常に遠い聖地」と談話を残している。何かを振り切るように「夏を勝ち取ります」と宣言したが、「センバツがなくなった時点で夏も厳しい」ということを、佐々木は肌で感じ取っていた。

「ゴールなきゴールに3年生をどうやって導いてやればいいのか。前例もない中で、本当に悩んだ1年でした。彼らに対して全力を尽くしてやれているのかな、という疑問符が、常に付きまとっていましたね。彼らに『頑張れ』と言ったところで、いったい何に頑張ればいいのか。第三者が『気持ちは分かる』と言っていましたけど、当事者じゃなければ絶対に分かりませんよ」

その後、日本高野連は中止となった大会への出場が決まっていた32校を、1試合限定で甲子園に招待すると発表した。いわゆる「甲子園交流試合」だ。オンライン抽選の結果、鹿児島城西は加藤学園（静岡）との対戦が決定。試合には1－3で敗れたが、佐々木は高校野球監督として初めて甲子園の舞台に立った。

現役最終盤を阪神で過ごしたことから、甲子園はよく知っている。社会人監督時代には、ベンチで指揮を執ったこともある。しかし、高校野球の監督として足を踏み入れた甲子園は「まさに別世界だった」と佐々木は言う。

「心地よかったですよ。これが高校野球なんだな、とあらためて感じました」

〝元プロ野球選手〟佐々木誠が、本当の高校野球人となった瞬間だったのかもしれない。

しかし、物足りなさも正直あったと漏らす。

「〝もう一度ここに来たい〟と強く思いました。本来の甲子園に、です。大勢の観客がいて、全校生徒がいて、ブラスバンドやチアリーダーの応援を受けて。選手たちには、そういう中で野球をやらせてあげたい。僕自身、そういった雰囲気の中でエール交換や校歌を聴いたら、社会人時代のように泣いてしまうかもしれませんけどね（笑）」

プロのユニフォームを着たままでは通用しない

高校野球の指導で味わうことができる、最大の面白さは「伸びしろの大きさが目に見えて分かること」だと佐々木は言う。野球界にはプロを頂点とするピラミッドがあるが、そのピラミッドは下へ行けば行くほど、選手の伸びしろが大きくなる。佐々木は小中学生の野球も見たが、そこはさすがに若年すぎて先のことは何も分からなかったらしい。

「〝この子はどう伸びていくんだろう？〟という見方をした時には、高校が一番楽しいのかもしれませんね。指導したことに対するリアクションや伸び率が、ハッキリと目視できますから」

一方で痛感しているのは、2年半という時間の短さだ。プロの指導者時代に感じていた「野球のイロハを知らない高校生たち」に、専門知識と技術を植え付けていかねばならない。しかし、佐々木は「時間が足りない」と頭を掻く。

「技術指導と基礎指導をいかに並行しながらやっていくか。そのやり方については、今でも試行錯誤を続けています。当然、子供たちの在学中にすべてを教えることは難しいので、次のステージに上がった時に困らない最低限のことだけを教えておけばいいのかな、などと考えてみたり。もちろん部活動は教育の一環なので、基礎を疎かにすることはできないし、技術だけを教えていては方向性を見誤ることにも繋がりかねない。部活動である以上は、基礎を多めにして、そこから技術を備えていくというやり方になってきますね」

アメリカで過ごした２００１年の経験も、現在に活きている。鹿児島城西のグラウンドに行けば、選手の方から監督の佐々木のもとにアドバイスを求めに行く光景を頻繁に目にする。指示待ちの選手がほとんどの高校野球界で、極めて珍しい光景といっていい。佐々木にそのことを尋ねたら「それこそ、選手たちが上手になりたいと思っている証です」と胸を張るのだ。

また、元プロ指導者のさらなる増加が見込まれる中で、佐々木は「裸一貫で踏み入ってこないと難しい」と指摘する。「終わったことは、すべて過去のこと。過去の練習よりも今の練習。いつまでもプロのユニフォームを着ているつもりの人では、まず務まらない」と断言した。

「僕らプロ経験者は、今まで培ったものを高校生に提供できるせっかくの機会をいただいている。そういう場を、無駄にしてはいけません。経験や知識は財産です。財産ならば、後世のために有益に使っていかないと。これを持ち腐れにしていては、野球界のためになりませんから」

日米で磨き続けた野球人としての感性。そして、選手としての頂点を知る者ならではの財産を、佐々木誠は惜しげもなく出し切る覚悟だ。

第5章

拓大紅陵

和田孝志 監督
飯田哲也 コーチ

元プロふたりの「化学反応」
名門復活を託された高等技術者たち

和田孝志《わだ・たかし》

1970年10月7日生まれ、埼玉県春日部市出身。拓大紅陵～東洋大～ロッテ。高校時代は高橋憲幸（元日本ハム）との二枚看板として鳴らし、一塁手として出場した3年夏の甲子園で3回戦に進出した。東洋大では3年春のリーグ戦でノーヒットノーランを達成。そのまま東都大学春季リーグを制覇し、全日本大学選手権に出場した。1992年のドラフト3位で千葉ロッテに入団。2002年の引退まで主に中継ぎとして72試合に登板し、通算2勝3敗。引退後はチームスタッフとしてスコアラー、打撃投手、査定を歴任した。2005年に退団後は飲食店を経営。2009年に二軍投手コーチ補佐としてロッテに復帰する。2016年に母校・拓大紅陵の投手コーチに就任。2019年8月から監督を務め、同年秋の千葉大会で準優勝した。

飯田哲也《いいだ・てつや》

1968年5月18日生まれ、東京都調布市出身。拓大紅陵～ヤクルト～楽天。高校3年時に強肩強打の捕手として春夏の甲子園に出場。春は2回戦、夏は3回戦まで進出した。同年のドラフト4位でヤクルトに入団。野村克也監督に抜群の運動神経を見出され、外野にコンバートされる。「走攻守」に優れ、盗塁王1回、ベストナイン1回、ゴールデングラブは7年連続で受賞。ヤクルト黄金時代の主力として、5度のリーグ優勝、4度の日本一に貢献した。日本シリーズの大舞台でめっぽう強く、1992、93年には2年連続で優秀選手賞に輝く。現役引退後はヤクルト、ソフトバンクでコーチを歴任。2020年に学生野球資格を回復し、同年2月から母校の非常勤コーチを務める。

ふたりの元プロ

名将・小枝守に率いられ、春夏通算で9回の甲子園出場。1992年夏には甲子園準優勝と、全国の頂点にも接近したかつての名門が、トンネルの出口を模索している。

拓大紅陵にとっての最後の甲子園出場は、2004年春である。すでに17年という月日が経過してしまった。この時を含め、21世紀に入ってからの出場はわずかに2度。その間に千葉では成田、市立船橋が巻き返し、千葉経大附や木更津総合が猛烈な勢いで台頭を果たす。さらに、甲子園優勝1回の銚子商や、2度の全国制覇を誇る習志野が復活を遂げ、八千代東、東海大市原望洋、専大松戸、中央学院といった甲子園初出場校が相次いで誕生した。

拓大紅陵は2017年秋に県大会を制している。夏は2006、09年に準優勝、2011年に4強。2013、15年、18年に8強とたびたび上位戦線に浮上を果たすが、勝ち切るところまでには至っていない。80年代以降に隆盛を極めたかつての拓大紅陵を知る者にとっては、やはり寂しさを感じざるを得ないのである。

低迷を続ける母校の再興を買って出たのは、ふたりの元プロ野球経験者だった。

和田孝志。投手出身で、東洋大を経て1992年のドラフト3位で千葉ロッテに入団した。プロでは主に中継ぎとして活躍し、2001年には38試合の登板を果たしている。2016年秋に、飲食店を経営しながら外部コーチとして母校に復帰し、投手育成をメインに担当。2019年夏の大会が終了した8月、拓大紅陵の監督に就任した。

飯田哲也。ヤクルト黄金期の一番打者として活躍したスター選手である。盗塁王1回のタイトルホルダーで、7年連続ゴールデングラブを受賞した守備の名手でもあった。現役引退後は古巣のヤクルトだけでなく、ソフトバンクでもコーチを歴任。そして2020年2月に、非常勤コーチとして母校の拓大紅陵に復帰した。

そもそもふたりの元プロ野球選手が、同じチームの指導スタッフに名を連ねることも珍しい。ほかにも中村良二、山崎慎太郎というふたりの元近鉄戦士が指導する天理などもあるが、非常にレアなケースと言えるだろう。そして和田、飯田に共通しているのは「元プロ」であると同時に「元甲子園球児」であるということだ。これは全国的に見ても、極めて珍しいパターンである。

2年秋の関東大会を制して「全国が狙える」と高い評価を受けていた飯田の代は、春夏連続で甲子園に出場。後に和田とロッテでチームメイトとなる佐藤幸彦も在籍していた。残念ながら優勝には届かなかったが、2学年後輩にあたる和田は圧倒的な力を有した先輩たちの姿を目に焼き付け、高橋憲幸（元日本ハム）らとともに、再び甲子園を目指す決意を固めたのだった。

飯田の2学年上にも、拓大紅陵を甲子園初出場へと導いた小川博文（元オリックスなど）がいた。チームの黄金期には、このように世代を超えての好循環が存在するものだ。つまり、強い時代の拓大紅陵を知り抜いているのが和田であり、飯田なのである。

拓大紅陵に強さを取り戻すためのチャレンジを開始した和田が、チーム作りのビジョンを語り始めた。

「ふたつ上の飯田さんたちの代が甲子園に行っている。僕らの時も行きました。拓大紅陵に進学すれば、甲子園に行けるという雰囲気がありました。だから、この学校を選んだという子供が多かったと思います。現在の拓大紅陵には、そういう思いで入ってきている子はいないでしょう。だから、甲子園を身近に感じさせるためにも、甲子園には出なきゃいけない。地方大会にしても、ひとつでも多く勝って拓大紅陵の可能性を感じてもらうことが、まずは第一歩かなと思います」

低迷を続ける千葉の名門

学校は千葉県木更津市の丘陵地帯にある。1978年に開校した私立校で、1980年に現校名となった。拓大を名乗ってはいるものの、運営法人は紅陵学院。位置づけとしては、拓大との関連性を持った系属校である。1980年代に高校野球界に突如として出現し、瞬く間に全国屈指の強豪に上り詰めていった硬式野球部は、拓大紅陵のフラッグシップクラブといっていい。

そもそも全盛期の強さには、秘訣があったのだろうか。また、低迷してしまった原因は、どこにあると見ているのだろうか。

「小枝先生の理想とする高いレベルの野球に、選手たちが追い付いていけてなかったのかもしれません」

と和田は言う。飯田や和田の時代の拓大紅陵は、サインプレーの完成度に定評があった。ピックオフプレーなど、トリッキーな牽制の種類と精度が抜群で、それ自体がチームの大きな武器でもあった。

「低迷が長く続いた時期は、選手間の能力差が顕著だったのではないかと感じます。二遊間の息は合っているけど、三塁手・一塁手は合っていないとか。『このタイミングで来るだろう』というところでズレたり『え、まだベースカバーに入っていないの⁉』だったり。ピックオフプレーでは、間合いや反応が遅れてしまうと悪送球になり、それが勝敗に繋がる致命的なエラーになることがありますからね」

走塁に関しても「紙一重」を通り越して、明らかな暴走も目立った。それを「走者とベースコーチャーの判断力や意思疎通が足りなかったのではないか」と感じることもあったという。２００９年夏の千葉大会決勝で八千代東に敗れた試合も「攻守が嚙み合わずにちぐはぐだった」と和田は振り返った。「ふがいなさ、もどかしさ」を感じながら、母校らしくないという思いを抱いたという。

和田や飯田らの時代、そして彼らの後輩が甲子園準優勝を遂げた時代には、選手のバランスが高いレベルで取れていた。ところが、木更津総合といった近隣の私学が力を付けていくにつれ、そのバランスが崩れていった。ひとり突出した選手がいたとしても、まわりの選手のレベルが追い付いてこなければ、プレーのスピードは変わってくる。拓大紅陵の強さを支えていた守りの歯車が、こうして嚙み合わなくなっていったと和田は言うのだ。

「サインプレーの完成度が高かったということは、基本がしっかりできているからなんです。基本ができていなければ、形式上は同じプレーでも中身は大きく変わってきますからね」

指導者として復帰し、初めて千葉県内の大会に臨んだ際に、決定的なライバルたちとの違いも発見したという。

「目標がしっかりしているチームは、試合に臨む上での良い緊張感があって、バスから降りて球場入りする時も、きちんと整列して無言で歩いていますよね。〝たしか昔の紅陵がこんな感じだったな〟と思いました」

恩師・小枝守の野球

和田と飯田の恩師にあたる小枝は、監督として日大三で1回、拓大紅陵で9回の甲子園に出場。拓大紅陵では、もともと小学校の建設予定地だった名ばかりのグラウンドをスコップ片手に切り開き、11年目にして全国準優勝へと導く。この代は、4人の勝ち投手によって決勝進出という、高校野球史上類を見ない勝ち方を演じている。日大三のコーチ時代にも優勝、準優勝を経験し、後に高校日本代表監督も務めた高校球界屈指の名将は、2019年1月に惜しまれながらこの世を去った。

いったい小枝守とは、どのようなリーダーで、どのような手法でチームを強化していったのか。この点、両者の見解は一致している。

「人間形成を重視する野球部でした」

と和田は振り返った。一方、飯田の見立てはこうだ。

「あまり技術的な指導を受けた記憶はありません。それ以上に礼儀作法、生活態度とか、人間的な部分を厳しく指導されました。スタイルとしてはチームワークや信頼感を重んじ、仲間を信じなさいというものです。結果を残す指導者の方って〝人としてどう生きていくか〟というものがベースにありますよね。何より野球は個人競技ではないので、自分勝手では勝てないんです。そういう意味では、小枝監督も野村克也監督も、本当によく似ていたと思います」

また、飯田は小枝独特の「試合の進め方」についても面白い証言をしてくれた。

「練習試合では、3、4番手の投手を投げさせたり、控え組をスタメンで起用したりしながら、わざと先に点を取らせるんですよ。そして『さぁ、ここからお前たちの力で逆転してみろ』と言って、僕ら主力組をグラウンドへ送り出すんです。4、5点差が付いている時もありました。〝ここから逆転か。厳しいな……〟と思いながらも、当時は本当に負けませんでした」

小枝の練習で思い出深いのは、冬の朝練だったと和田は言う。土日になると、朝4時頃からナイター照明の下で連帯歩調からポール間走といった練習が始まる。グラウンドに流れるBGMは、決まってロッキーのテーマだった。

シャドーボクシングで体を温め、マーカーを用いたアジリティトレーニングや、巨大タイヤを押したり、引いたり。空が明るくなってくると、階段ダッシュを何本も繰り返し、ロングダッシュもこなす。練習は2時間以上を要した。冬は寒さが厳しく、練習が終わる頃には汗が凍り、霜が降っているかのように頭が真っ白になった。丸刈りの選手たちが白髪頭になることで、練習の終了が近づいてきたことを知ったという。

「今は小枝先生がやっていたことを取り入れつつ、そこに新しい形を盛り込んでいます。私たちが行っていた朝練習は、体調面での不安やインフルエンザ感染予防の観点から現在は行っていませんが『その代わり、陽が照っている間はしっかりやろう』と言って、放課後に当時の朝練習と同じメニューに取り組んでいます。選手が熱を出したら元も子もないので、睡眠はしっかり取らせていますが、中には私たちが経験した朝練習の再開を期待するOBの方もいらっしゃるでしょう。しかし、今はこれがベストなのかな、と感じています」

と語る和田のカラーも、徐々にではあるがチームに馴染んできている様子だ。

東都最多勝監督・高橋昭雄

和田は東都リーグの強豪・東洋大へと進み、高橋昭雄と出会う。東都通算最多の542勝を挙げ、2017年に勇退した大学球界きっての名将である。高校時代の恩師、小枝と同じく、厳しい指導者だった。しかし、小枝とは性格も考え方も真逆だったと和田は言う。

「小枝監督は生徒に対して、自分の素を見せない方でした。世間話ひとつを取っても、教育に関することがほとんどで、冗談やプライベートに関することなど、親近感を感じさせるような話はいっさいしませんでした」

学校の中では「おそらくどの先生よりも、真面目に授業をしていたのが小枝先生ではないか」と和田は言う。その真剣さがひしひしと伝わってくるため、授業中の緊張感は半端なものではなく、チームメイトと「絶対に寝るなよ」と声を掛け合いながら、睡魔撃退に躍起になっていたそうだ。

「逆に高橋監督は冗談も言うし、凄くオープンな方ですが、感情もストレートに表現されました」

高橋の指導に加え、当時はまだ厳しい上下関係も残されていたため、1年夏の長野合宿の際には、同級生と一緒に「このまま逃げちゃおうか」と脱走を計画したこともあった。「やべぇところに来ちゃった」という思いは、常に抱いていたという。

和田が主将を務めていた4年時に、0‐1で駒大に敗れた試合があった。和田は先発し、終盤にスクイズで奪われた1点で、敗戦投手となってしまった。投手としては「最低限の仕事はこなした」と、納得のいく内容でもあった。しかし、試合後に高橋から「和田、ちょっと来い」と球場内の第2ロッカーに呼び出されると「貴様、そこに正座だ！」と、いきなりの〝落雷〟である。

「今日は貴様のせいで負けたんだ。頭を剃ってこい！」

もちろん、否応なく丸刈りである。当時は「どうして大学4年にもなって、正座や丸刈りをしなきゃいけないんだ」と首を傾げるばかりだったが、高橋の性格を知れば知るほど、それらは期待の裏返しだったということが分かってくる。

「お前、そんなに野球が好きだったっけ？」

拓大紅陵の指導者として学生野球に復帰した後、高橋のもとへ挨拶に訪れた際に浴びせられたジョークは、今も忘れることができないという。

「小枝監督や高橋監督の厳しい練習に耐えてきたことは、プロの世界でも大いに活きました。何より良かったなと思うのは、両監督のもとで、まったく感覚の違う指導を受けることができたということなんです。僕にとっては、財産以外の何物でもありません」

指導者となった今、その財産がひときわ大きな輝きを放ち始めていることに、本人は気づいているだろうか。

ロッテ投手陣の中で見出した〝生き残っていく術〟

和田が現役時代のロッテといえば、当時の日本人最速158キロを投げた伊良部秀輝、抜群の制球力で精密機械と謳われた小宮山悟を筆頭に、成本年秀、河本育之のダブルストッパー、そして〝ジョニー〟こと黒木知宏らが軸として活躍していた時代である。伊良部と小宮山はともに海を渡り、メジャーリーガーとなった。成本、河本は複数球団で主力として投げており、黒木も5年連続二けた勝利を挙げ、シドニー五輪にも出場している。こうして並べてみると、当時のロッテ投手陣がいかに錚々たる顔ぶれだったかが分かる。

新人投手の初キャンプでは、チームの主力投手と並べられてブルペン入りするのが通例となっているが、和田がブルペンに入ると、よりによって伊良部と小宮山に挟まれる形となってしまった。

鹿児島キャンプのブルペンは4か所だった。普通は1・3列目が投げたら、次に2・

1992年のドラフト３位で千葉ロッテに入団。2001年には38試合の登板を果たし、2002年の引退まで主に中継ぎとして72試合に登板して通算２勝３敗
26

4列目が投げるといった〝マナー〟のようなものが存在するのだが、伊良部や小宮山クラスになると、自分のタイミングでどんどん投げる。ただでさえ、とんでもない剛速球を投げる伊良部と、圧倒的な制球力と多彩な変化球を操る小宮山との間にいれば、新人でなくとも投げづらいに決まっている。一緒には投げるなと言われている以上、いつ投げていいのかさえ分からない。あまりの居心地の悪さにプレートを外せば、ベテランのブルペン捕手に「早く投げんかい！」と怒鳴られてしまう。

「お二人だけでなく、河本さんの球のキレも素晴らしかったですね。その後、自主トレをご一緒させていただくことになる成本さんは、100球を超えてから低めにボールが伸びてくる凄い方でした。身長がそれほど高くなかったジョニーは、ウエイトトレーニングで鍛えた強靭な肉体を持つタフマンで、打者に向かっていくメンタルも非常に強かったです」

主に中継ぎを務めていた和田は、最速が146キロ。「僕は決してスピードで勝負できる投手ではありませんでした」と語っている。様々なタイプの投手が揃う中で、和田は打たせて取る投球術に活路を見出した。

「自分の球で抑えるというよりは、いかに相手を崩すかということです。打者有利のバッティングカウントで、いかに変化球で打ち取ることができるか。打者が打ちに来た時に、どういうボールを投げるか。プロの打者なら、ボールが先行したバッティングカウントで外寄りの真っすぐが来れば、かなりの高確率で、真芯で捉えるだけの技術を備えているものです。だったら、そこからボールひとつぶんズラしてみるとか、動かすとか、逃がすとか。そういう変化球があれば、崩すことは可能です。僕の場合は、チェンジアップがじつに有効的でした」

ただ、これだけの投球を繰り広げるには、高い制球力が必須条件となる。その点、チームには最高の教材がいた。和田は小宮山の球持ちの良さを観察するなどして、自分の技術に置き換えていく。さらに、相手打者を観察する洞察力も必要だ。絶対的なボールがない以上、相手の弱点を徹底的に研究して「ここにこのボールを投げておけば、被打率や長打を抑えられるのではないか」と考え抜かなければ、とても生き抜いてはいけなかった。

こうして和田は自分のスタイルを確立し、2000年に21試合、2001年に38試合と登板機会を増やしていったのである。

人がやりたがらないことほど積極的に

現役引退後に球団の査定を務めていた和田は、31年ぶりの日本一を達成した2005年の契約更改終了後にロッテを退団。以前から興味があったという飲食業界への転身を志し、求人雑誌を見ながら必死にアルバイト先を探すも、35歳という年齢を理由に面会すらしてもらえない日々が続く。「30代も中盤に差し掛かると、バイト先も簡単には見つからない」という社会の厳しさを、和田は初めて思い知らされたのである。

どうにも立ち行かなくなったところで、和田は2000年からの2年間、チームメイトだった石井浩郎（現・参院議員）に頭を下げる。すでに銀座で2店舗を経営していた石井は、快く申し出を受け入れてくれた。こうして和田は、新しい世界での修行をスタートさせたのだった。

仕込み、接客、トイレ掃除と、あらゆる部門を経験した。「苦しいことや人がやりたがらないことほど積極的にやった」と和田。それでも仕事に魅力を感じるのであれば、長く続けられるだろうと思ったからだ。持ち前の明るく、前向きな性格も飲食業には向いていたのだろう。客やスタッフとのコミュニケーションも上々で、未知のジャンルの人々との出会いすらも自身の力に変え、どんどん自信を深めていった。そして2007年6月1日、東京渋谷の宮益坂上に和食ダイニング「美醤」をオープンさせる。和田はオーナーとしての第一歩を踏み出したのだった。

店ではフロアに立って接客するほか、揚げ物や焼き物を担当したり、時には包丁を手に取って刺身をさばいたりと、ひとりで何役もこなした。2009年には二軍投手コーチ補佐として1シーズンだけロッテに復帰。その間も店の客足は順調に伸びていったが、経営者として様々な浮き沈みも経験した。2008年のリーマン・ショック、そして2011年の東日本大震災の際には、想像以上の窮地にも立たされた。

その都度、和田は野球界の人脈にも助けられて危機を乗り越えていく。拓大紅陵、東洋大、そしてプロ野球界で経験した厳しい指導も、和田を救う大きな力となった。

東日本大震災の痛手からようやく立ち直り、再び前進を開始しようとしていた矢先、思わぬ転機が訪れる。2015年、学生野球資格を回復。翌年の6月には、母校の拓大紅陵からコーチ就任を打診される。そして、その年の秋。新チームのスタートと同時に、和田は飲食店を経営する傍らで、母校投手コーチとしての活動を開始したのであった。

野村克也と小枝守の共通点

一方の飯田も「野球人生における恩師は、小枝監督と野村監督」と言い切る。両者に共通しているのは、人間教育を何より優先していたという点だ。野村は「野球選手の寿命は、せいぜい10年か15年。その後の人生をしっかりしなさい」と、何度も選手たちに説いていた。また、何かが起きた時は、こうやって対処しなさいという社会生活を送る上でのアドバイスも行っていたそうだ。

そして飯田は強調する。

「僕はＮＰＢでもコーチをやってきましたけど、僕の野球の基盤になっているのは、間違いなく小枝監督と野村監督の野球なんです」

野村といえば、データ重視のＩＤ野球で知られている。プロのレベルになれば、相手バッテリーの配球を考えなければ、打席で好結果は生まれない。飯田の現役当時であれば、巨人の斎藤雅樹や槙原寛己を対策なしに攻略するなど、至難の業だった。だからこそ「考えて野球せい」と野村は言った。

野村はミーティングの長さでも有名だった。飯田は野村の一言一句を聞き漏らすまいと、必死になってメモを取った。その数、大学ノート4冊ぶん。現役を引退してコーチになった時、このノートがバイブルとなった。手元に置いて、迷った時には何度も読み返したのだという。

「ミーティング内容も、だんだんと進化していきましたね。最初のうちは『人生とはこういうものだ』という話から始まり、だんだんと『俺はこういう考えで野球をやるよ』という話になっていく。2年目になって、ようやく応用編に入っていきました。考え方を変えられましたよ。『人として』というお話を聞いていても〝あぁ、そうだなぁ〟と思い知らされることばかりで」

その野村に才能を見出され、ポジションを与えられた飯田は、リーグ屈指の外野手へと成長し、野村ＩＤ野球において絶対に欠かすことができないピースとなった。ただ、野村にはチャンスをもらったものの、若い飯田には「監督のために」という気持ちはなかった。「監督を男にする」などという言葉は、一流を極めた選手が初めて言えるもの

「走攻守」に優れ、盗塁王1回、ベストナイン1回、ゴールデングラブは7年連続で受賞。ヤクルト黄金時代の主力として5度のリーグ優勝、4度の日本一に貢献

であって、まだまだそんな生意気なことが言える立場ではなかったと飯田は言う。

「チームのみんなが野村監督を尊敬していたか、慕っていたかは分かりません。ただ『この人に付いていけば勝てる』という思いはありましたね。監督になられて以降は、弱小球団だったヤクルトが5位から4、3位と順位を上げていき、そこからリーグを連覇するまでになったんです。チームも個人も、実際に成績が出ていたので『この人の言うことを聞いていれば大丈夫だ』という空気が、チーム内に満ち満ちていました」

2019年1月に小枝が、2020年2月に野村が相次いで死去した。ごく短期間のうちにふたりの恩師を失った飯田は、さすがに言葉を失った。

ホークスで学んだ「我慢」と「愛情」

飯田は2006年まで現役を続け、最後は野村が率いる楽天でユニフォームを脱いだ。翌年にはヤクルトに復帰し、二軍外野守備走塁コーチに就任する。2008年からは一軍スタッフに加わり、守備走塁コーチを担当。福地寿樹（現ヤクルト二軍チーフコーチ）の2年連続盗塁王獲得などに貢献する。

２０１５年からは単身で福岡へ渡り、ソフトバンクの外野守備走塁コーチとして、リーグ優勝に貢献。日本シリーズでは古巣のヤクルトに4勝1敗で勝利し、指導者として初めての日本一を経験する。

翌年からは二軍で打撃コーチを任され、２０１９年には三軍の外野守備走塁コーチを担当。常勝軍団の土台にあたるファーム、育成カテゴリーを中心に指導を続ける中で、指導者としての新たな発見もあった。

「ホークスで学んだことといえば『我慢』と選手への『愛情』です。ホークスには育成契約の選手も多いために、指導には忍耐も必要でした。そしてキムさんからのアドバイスが、グサッと胸に刺さりました」

〝キムさん〟とは、ソフトバンクでコーチングアドバイザーを務める金星根（キム・ソングン）である。金は韓国プロ野球で歴代2位の監督通算１２３４勝を記録し「野球の神」を意味する「野神」と称される、韓国では伝説的な指導者のひとりだ。その後、２００５年からは日本のロッテでもチームコーディネーターとしてコーチを経験。その後、韓国球界復帰を果たすが、２０１８年シーズンからソフトバンクの現職に就き、三軍と帯同しながら指導者の教育にあたっている。

その金が、飯田にこう言うのである。

「二軍、三軍の選手には愛情を持って接しなさい。〝こいつを育てるんだ〟と、命がけでやるつもりでないとダメだ」

それ以前には「今日はこれぐらいでいいか」という甘い考えがあったと、金のひと言で気づかされたのである。しかも、今でもそのひと言が頭の中にこびりついて離れず、現在の高校生指導にも活かされているというから、飯田にとってはよほど強烈なメッセージだったに違いない。

盗塁王から盗塁王へ、周東佑京への助言

育成出身からチームの中心選手に出世を遂げるケースも目立つソフトバンクだけに、現在の主力とも多くの時間を過ごした。たとえば２０２０年シーズンに、世界記録の13

試合連続盗塁を達成するなどして、盗塁王に輝いた周東佑京もそのひとりだ。自らも1992年にタイトルを獲得した盗塁王の先輩として、飯田は周東の足を次のように評価した。

「何が凄いかと言われると、足が速いことです。僕も今までに足の速い選手をたくさん見てきましたけど、純粋なスピードでは周東が断然トップです。僕も盗塁王の経験はありますが、盗塁に関してはちょっと敵わないですね。僕らはいかに変化球タイミングでスタートするかとか、相手の癖を研究しないとセーフにはならないんですけど、周東の場合は本当に小細工はいらない。スライディングだったり、癖を盗んだりといった技術は、いっさい必要ないんですよ。それぐらい、純スピードが速いので。世界記録を更新した2020年の終盤みたいに『はい、では盗塁しますよ』というバレバレな雰囲気の中でスタートを切れば、普通はアウトですよ。相手バッテリーも最大警戒しているし、投手のクイック技術も昔とは比較にならないぐらい上がっていますからね。それでも『走りますよ』と言ってセーフになっちゃうんだから、これはもうレベルが違いすぎます。投手も最高のクイック、捕手も明らかに早めに送球体勢を作るなど、万全の対策をしている。その中で決められるのだから、完全にお手上げでしょうね」

コーチ時代の飯田が周東に授けたアドバイスは「自分に合ったスタートの形を見つけなさい」ということだった。盗塁には前足から踏み込んでいくスタート、両足をクロスさせてのスタート、前足を引くスタート、上体を捻って始動するスタートと様々あるが、周東はクロスタイプの選手だった。飯田はひとつの形にこだわるのではなく、いろんな形にトライして、その中から本当に自分に合ったものを見つけなさい、と周東に助言している。数々のスタートを試した結果、現在のように始動が小さく、右足を小さく引くスタートの形に行き着いたのだろうと飯田は語った。

２０２０年のソフトバンクは、食い下がるロッテとの首位争いを繰り広げたが、シーズン最終盤の10月に入って12連勝と急加速。終わってみれば2位のロッテに14ゲームの大差を付けてのぶっちぎり優勝を飾っている。この大型連勝のきっかけを作ったのは、周東だったと飯田は断言した。課題とされた打撃でも、前年・１９２だった打率を・２７０まで上げるなど、成長を示している。ソフトバンクの４年連続の日本一に、周東の貢献度は非常に大きなものがあったと飯田は言う。

選択肢を与えて導く〝プロの技術屋〟

飯田は、2019年シーズンいっぱいでソフトバンクを退団した。その後、高校時代の同級生で、現在は紅陵学院の理事長を務める鎌田淳一から「ちょっと、コーチをやってくんない?」という〝軽度のオファー〟を受ける。飯田はこれを正面から受け止め、その年の資格回復のための講義を受講。そして2020年2月7日、正式に学生野球資格が回復すると、すぐに非常勤コーチとしての母校復帰が決定した。

「母校が本当に低迷しているので、再び強くしたいという思いが強かったですね。母校の再建は、小枝監督に対する恩返しでもありますから。ただ、毎日行くことはできないので、あくまでお手伝いといった感覚ですよ」

とは言うものの、長時間練習が可能な土日はコーチとしてみっちり指導にあたっている。捕手でプロ入りして二塁手、外野手とコンバートされた経験があるだけに、野手全ポジションを本格的に指導できるのも飯田ならではといっていい。

シートノックも飯田が打つ。

「いろんな種類のゴロを打てないとダメなので。名人と言われた小枝監督に勝てるかどうかは分かりませんが、まぁ上手い方だと思いますよ。ノッカーのレベルが高いと、守備力は上がりますからね」

プロ18年間で通算打率・273という数字を残し、1997年には・306を記録したバットマンだ。NPBでもノッカーを務めることが多い守備走塁コーチを歴任しているだけあって、自信の程も頷けるというものだ。

練習では、キャッチボールの意識づけを徹底している。キャッチボールができなければ、ほかの練習に進むことができない。

「踏み込んだ足が着地した時に、手はまだ上にないとダメだ」、「横から投げれば、ボールは逸れていく。しっかり踏み出して、相手に向かって腕を振れば、ボールは真っすぐに飛んでいく」と、基本的な部分を徹底指導しているが、体を正しく使えていない選手が多いため「当たり前を実践することが、凄く難しい」と飯田は言う。プロ野球の世界にも、そういう選手は少なくないという。

指導スタイルは、プロ時代となんら変わらない。周東を育てた時と同じく、複数のパターンを提示して、本人に選択させるというものだ。本人が「いいですね」と言えば「じゃあ、それをやってみようか」と同調していくのが基本である。

もちろん、打撃フォームなど技術的に気になる点があれば直接声を掛ける。今の時代は携帯電話で動画が撮れてしまうので、録画したものを見せることで指導の説得力も倍増すると飯田は言った。

そんな飯田だが、監督業にはあまり興味がないのだという。

「監督は和田。僕はあくまでサポート役に過ぎません。監督の決めたメニューに則って『打者を見てください』と言われれば従うだけです。もちろん、こちらから提案することもありますよ。ただ、決定権は監督にあって、僕らコーチはトップの指示によって動くものですから。自分は技術屋なんですよ。教えることが好きなので。それが僕のライフワークでもあるんです。やっぱり良い選手を育てたいですすよね。そうやって中学や高校の指導者のレベルを上げていかないと、選手は減っていく一方だと思うので」

〝技術屋〟としての本能と、野球界への危惧。そして、母校の復活。この三つの思いが、飯田を高校野球復帰へと駆り立てたのだった。

負けに不思議の負けなし

「指導者から強い口調で叱られただけで『じゃあ、辞めます』という時代になった」と、飯田は言う。時には厳しいことを言わなきゃいけない場面もあるが、その場合のフォローは絶対に必要で、言いっ放しにすることは絶対に許されない。

選手たちに対する指導にも、何かと縛りを気にしなければならない状況の中で、飯田が常に口にしている言葉がある。

「人のせいにするな、自分のせいにしろ」

なぜ、できる人間とできない人間がいるのか。答えはすでに出ている。まわりを見渡せばいい。できる人間は、朝早く起きてランニングをしたり、バットを振ったりしている。夜間も黙々と素振りをしているはずだ。自分より、数倍練習しているだけの話なのである。自分がやらないから、できない。そこに他人の責任はいっさいなく、あくまでやらない本人の責任だというのが飯田の考え方だ。

また、プロ野球のペナントレースとは違い「一度の負けがすべての終わりに直結するのが高校野球の世界だ」ということも強調している。

「お前のエラーで負ける。お前の四球、暴投で負ける。その重さを考えて、日頃からやっていかないと、一生言われ続けることになるんだぞ」

一敗も許されないことを理解した上で、練習に取り組んでいかなければならないのである。一方で、結果はすぐに求めるものではなく、練習試合をこなしながら自信を積み重ねていかないといけない。チームや個人で積み重ねたものを、一発勝負でいかに発揮できるか、なのだ。

「勝て、勝て」ではなく、勝つためにはどうすればいいのかを、指導者は伝えていく必要がある。逆に「負けた。下手くそ、コノヤロー！」ではなく、負けるにも理由があるのだから、そこを理解した上で選手たちにも伝えていかなければならない。

プロ野球における最大の恩師だった野村は「負けに不思議の負けなし」と格言を残している。そういう意味では、指導者となった教え子の飯田にも、しっかり野村の教えが根づいているといえるだろう。

「野村監督は1年目で種を撒き、段階を追って組織を強くしていきました。その過程を自分なりに再現している部分はあると思います。でも、これはどの世界でも通用する教えだと思いますよ」

一度の失敗でダメになっていく人間もいる。だから、成功し続けるにこしたことはないが、中には失敗を経験することで大きくなっていく者もいる。その両面を、指導者である以上は忘れてはならない。

このようにして、拓大紅陵のグラウンドに「野村の教え」が広がっていくのである。

監督に求められる洞察力

「自分に強みがあるとするならば、選手の適性を見抜く力だと思います」

と言うように、和田には選手の長所を的確に見抜き、適所で能力を発揮させる力がある。2019年8月に監督となった直後の秋季千葉大会で、チームを準優勝へと導いた和田だが、この大会でもその持ち味を存分に発揮していた。

県大会前の和田は、ベンチ入り最後のメンバーを誰にするかと頭を抱えていた。最終的には林柊頼という165センチと小柄な右打者に20番を託したのだが、まわりの誰もが「え⁉」と目を丸くしているのである。それもそのはずで、林は肩を痛め、大会前までほとんど練習ができていなかった。しかし「打つ、走る」に関して、和田が以前から〝いいな〟と気になって仕方なかった選手が林だった。

スタッフの中にはこの決断に反対する者もいたが「あいつの打力と走力は買っているので、ここでは入れておきたいんですよ」と、和田は自身の直感を信じ抜いたのだった。この大会での拓大紅陵は、初戦から2－0、4－2、3－0、5－4と辛勝続きのトーナメントとなった。和田も「いつ負けてもおかしくない戦いだった」と言うほど苦しい試合の連続となったが、ここでチームを救ったのが和田の〝ひらめき〟によってメンバー入りさせた林だった。林は勝負所で代打に立ち、ことごとく結果を残して勝利に貢献するのだ。その後の関東大会で、林の背番号は10に昇格している。

「たとえば〝こいつは一番を打たせるとさっぱりだけど、八番に置くと打つし、攻撃の流れも良くなる〟だったり〝相手投手を観察することに長けている〟だったり〝左投手は打てないけど、右にはめっぽう強い〟だとか。いろんな物差しで選手を分析することで、適材適所で起用することができるようになるし、それができれば選手としても能力を発揮しやすくなりますからね」

日頃からプレー以外の部分、とりわけ選手の仕草や表情を細かくチェックしているという和田。そこで発揮される洞察力は「プロ時代に相手打者をつぶさに研究し、投球していくタイプだったことが影響している」と自己分析するのである。

また、それ以上に「飲食店での経験が、洞察力や分析力を磨いてくれたのではないか」と言う。薄暗いホールの中では、客が食事の際に見せる仕草や食後の表情、注文の仕方や酒の好みを常に観察している。または「酒が濃かったのではないか。だとしたら、次は薄めに配合する必要がある」というように、その場で常に頭を回転させているのが飲食店の経営者というものだ。

元プロはデメリットの方が多い!?

元プロの指導者が同じチームにふたりいることは、間違いなく力になっている。というのも、飯田の指導スタンスによるところが大きいと和田は言う。

和田は高校1年の夏からベンチ入りし、千葉大会の4回戦では飯田ともバッテリーを組んでいる。当時の飯田は寡黙で多くを語ることはなかったが、後輩にとっては凄く優しい先輩だったという。学校側から和田の方に「飯田さんに来てもらおうと思っている」と打診があった際も「むしろ、こちらから頭を下げてお願いしたいぐらいです」と言って、先輩の参入を大歓迎したのだった。

「やはりNPBでのコーチ歴が長いことが影響しているのか、飯田さんは〝高校生にはできなくて当然だよね〟という感覚が念頭にあります。教育現場にいる方ほど『どうしてできないんだ!』という指導に陥りがちだと思うんですが、飯田さんにはそういったところがいっさいありません。もしかすると、今の時代にもっともマッチした指導をされているのかもしれませんね。また、飯田さんが目指している指導方法も、そういうスタイルなんじゃないかなと思います」

分析力を売りにしている和田でさえ「飯田さんの選手の状態を見極める眼力は凄い」と舌を巻くほどだ。また、飯田は中学生の息子を抱えた親として、息子と同年代の選手たちの扱いにも長けている。練習では和田が投手を、飯田が野手をと、チーム内の役割分担が確立されていることから、拓大紅陵にとっては万事が好転しているように見える。

しかし、和田は「元プロ指導者には、デメリットの方が大きい」と考えている。

「たしかに野球の技術指導においては、凄く力を発揮すると思います。しかし、いざ現場に入ってみて思うのは、野球以外に向き合っていかなきゃいけないことが多すぎるんです。まだまだ大人になりきれていない高校生ですから、くだらないことで衝突して、人間関係にヒビが入ることもあります。テストの点数が取れない子もいますよね。本当に野球以外の部分に時間を割かれてしまうんです。果たして野球だけやってきた人間が、上手く対処していけるかというと、やっぱり難しい部分も多いですよ」

一方の飯田も「元プロの指導を受けたからといって、すぐに上達できるわけではない」と言う。技術指導を受けて上達するためには、指導を受ける側に「考える力」が備わっていなければならないからだ。ただ、その考える力や考え方を授けることができるところに、元プロ野球選手が高校生を指導する最大の意味があるのではないかと言うのである。

今後、ますます増加が見込まれる元プロ指導者の学生野球復帰には、和田も飯田も「大賛成」という意見で一致している。

「数年に一度、ダルビッシュ有や大谷翔平のような本当に凄い選手は出てくるけど、それ以外の選手との差がどんどん大きくなっているのが現状なんです。NPBの現場にいると、痛切に感じることですね。元プロの人が指導できる範囲が広がれば、自ずとアマチュアのレベルも上がり、プロのレベルもさらに上がっていく。こうして野球界に好循環が生まれれば、競技人口だって増えますよ」

と訴える飯田の口調が、一段と熱を帯びていく。

退路を断ち教員免許取得へ

監督を務める一方で、和田は教員免許取得に向けて学びの日々を過ごしている。

以前にも教員免許の取得を志したことはあった。社会を揺るがす大問題となった、いわゆる「球界再編問題」に揺れた2004年のことである。すでに和田は現役を引退していたが、球団に残って打撃投手を務めていた。他人ごとではない。ロッテは再編対象として、ダイエー（現ソフトバンク）との合併が取り沙汰されていたからだ。

球団からは「みんなでひとつの船には乗れない」という非情通告を受けた。仮に球団に残れたとしても、福岡への移転を想定しなければならない。そんなプロ野球界の先行きに危機感を感じ、和田は東洋大の通信課程で学び始めたのだった。やがて、1リーグ制に向けた再編騒動は終息し、ロッテは存続。和田も査定として球団への残留が決まる。そこで最初の教員免許取得は、いったんストップしてしまった。

しかし、拓大紅陵のコーチ就任を機に、再び免許取得に乗り出すようになった。当初は現在の飯田と同じように、土日を中心に指導していたものの、2017年4月からは常勤コーチとして付きっ切りの指導を行うようになる。そのあたりから「これはやっぱり教員免許を取った方がいいな」という思いが芽生え、東洋大に通うようになった。

「高校野球って、野球の技術を教えるだけの世界じゃないということに気がついたんです。部員の学校での学びに向かう姿勢や生活態度を知り、担任の先生や進路指導の先生との相談事もこなさなきゃいけません。でも、現在のように家とグラウンドを往復しているだけの日々では、何もできない。選手の中には、授業は適当に受けて、僕の前だけで『ハイ！』と言っている子がいるかもしれない。学校生活の中での授業態度を知ることも大事なんですよね。もちろん、免許が取れたからといって雇ってくれる保証はありませんが、持っていて損はありませんから」

免許は3年間の履修で取得する。２０２1年にその3年目を迎え、教育実習と介護等体験をクリアすれば中学・高校の教員免許取得が認められることになるだろう。

「野球しか知らない、野球しか教えられないようでは、人生について語ることはできないと思うんですよね。できる話といっても、あくまで自分が生きてきた過程の中のことに限られてしまう。現在は教育心理学や教育基礎論、いじめに関することや不登校といった様々な問題についても学んでいます」

その成果もあって、ミーティングの引き出しが広がったと和田は言った。今回は通信ではなく、通学での挑戦だ。すでに一度、大学を卒業しているため、科目等履修生として法学部で学んでいる。

そして和田は、渋谷の飲食店を２０２０年4月に閉店した。

たしかに都内に住む和田にとっては、毎週月曜日から金曜日まで大学へ通い、夕方には木更津のグラウンドで毎日野球を指導し、夜は渋谷の店に顔を出すという日々も苦しかったに違いない。

しかし、労力の問題ではない。本気で学生野球を指導する「覚悟」を決めて、自ら退路を断ったのだ。

「それが僕の決意表明です」

こうして和田は、すべての迷いを振り切り、高校野球の世界に身を捧げることを誓ったのだった。

求めたい自己犠牲の精神

「甲子園を身近に感じることができるチーム」、「上でも野球を続けたいという、気持ちの強い子が集うチーム」

それがふたりに共通する理想のチーム像である。飯田は「現在もプロを目指せるだけの選手は何人かいる」と言う。そして「今後はさらに増えていく可能性だってある」とも付け加えた。

「まわりから『拓大紅陵に行けば、野球が上手くなるね。プロのレベルにまでなるね』と言われるようなチームになれば、遠方からでも自ずと選手は集まってきますよ。そうしたチームを作って、再び強豪と言われるまでに復活させることが、和田と僕の使命だと思っています」

木更津総合や習志野に後れを取っている現状は、否定できないと飯田は言う。しかし、投打ともにプロ野球経験者が専門的に指導できる環境は、生徒募集の上で大きな売りになるのは確かだ。今後はそういった部分も活かして、スカウト活動にも力を入れていきたいと両者は口を揃えた。

高校野球界に戻ってきた飯田には、もうひとつ伝えたいことがある。「仲間を信じろ」ということだ。

「自己中心的な選手が多いチームはなかなか勝てませんよ。今のソフトバンクは、高い能力を持ちながら、チームのために自己犠牲を払うことのできる選手がたくさんいます。僕らの時代のヤクルトもそうだったし、僕らが何度も挑戦してきた当時の西武もそうでした」

〝すべてをチームに捧げる〟という考え方は、小枝や野村によって埋め込まれたＤＮＡだと飯田は言う。そして「仲間を信じろ」という言葉は「仲間から信じてもらえる存在になれ」という言葉の裏返しでもある。

頑張っている姿や、手を抜いている姿は、常に人から見られているものだ。もし、日頃から野球に対して適当な選手が試合でミスを犯せば「あぁ、やっぱりやったな」と思われがちだが、一生懸命に頑張っている選手がミスをしても、チーム全体で「大丈夫、頑張ろうぜ！」とフォローしてくれるものだ。まわりから「放っておけ」と言われる選手がいては、チームワークも芽生えないと飯田は断言する。

「そこも和田と共有しているポイントです。小枝監督という共通の師匠に仕えていたからかもしれませんが、意思統一はしっかりできています」

そして「プロ野球でも仲間意識を持ってやってくれれば、和ができて素晴らしいチームになるのに」とボヤくあたりに、野村ヤクルトで育った影響を強く感じずにはいられない。

「稼げる人間」であれ

和田はミーティングで力説する。

「自分の人生において、この高校3年間という限られた時間の中で一生懸命やり抜くということが凄く大事なんだ」

それも、やらされるのではなく、自発的にやることが重要である、と。これを全うすることで、人間力を養うことに繋がる。そうした指導は、小枝時代の拓大紅陵から何ひとつ変わっていないものだという。

「たとえば練習前に『今日投げる人?』と聞いて、挙手をさせます。ただ、体に負荷を与えるメニューは、定期的に間隔を空けないと回復できないので、しっかり日にちを空けさせます。そこだけはある程度コントロールしますが、とくに投手に関しては本人に任せていますね。あくまで自分で計画を立ててやりなさい、と。球数にしても同じことです。僕の方から『土曜日にどこと、日曜日はどこと試合をする。それぞれ先発は誰で……』というように、ある程度の情報を与えます。毎日投げる子はいませんが、そこに向かって自発的に練習し、調整していける力を身に付けてほしいですね」

学校現場も、知識や技能を伸ばすことだけにこだわってやってきたことを、見直す時期に来ていると和田は言う。「甲子園に出られればそれでいい」、「大学に合格すればそれでいい」という教育から「急速に変化していく社会で使える技術や知識を身に付けていこう。しかも、よりグローバルに」という教育体系に変化しつつあるというのだ。そのためには「やれ」と押し付けていては、子供たちの技量を上げることには繋がらず、逆に「やれ」と言われている間は、何をやってもそれ以上は望めないのである。

飲食業時代に得た教訓も、余すことなく現在の指導に落とし込んでいる和田。むしろ、これこそが和田の流儀と言っても過言ではないのかもしれない。

「『これをやっておけ』といわれるまで仕事ができないようでは、社会に出ても通用しないんです。言われてやるのは、普通の人。言われなくても自分で気づき、行動に移すことができる人は、どういう世界でもお金を稼ぐことができる人。そういう強い意志があれば、気持ちが体や脳を動かしてくれますから」

世の中は、決して野球だけではない。では、なぜ高校の2年半で一生懸命になって野球に取り組むのか。それは本気で野球に取り組んだ経験が、そのまま社会で生きていくための活力となるからだ。

「野球以上に、たとえばコンピュータ関係に興味があって、ゲームのプログラミングをやりたいというのなら、迷うことなくそっちに進めばいい。語学を極めたいというのであれば、そうするべきなんです。どんな世界であっても、本当に好きで夢中になれなければ上達は難しいんですから。興味や関心を持つことは、凄く重要なことです。まわりの人が見たら努力に見えることも、本人は好きでやっているから努力だとは思っていないことって多々あるじゃないですか。僕の場合はそれが野球で、だから僕は運良くプロ野球選手になれたんだと思っています。だからこそ〝やらされている練習〟で上手くなろうなんて考えは、絶対に持ってほしくありません」

2019年には、野球部の専用寮が完成した。チームの黄金期には存在した専用寮も、時間の経過とともに他部や兄弟校の志学館高等部の生徒とも共用するようになった。結果的に、ほかの入寮生との生活リズムのズレから雑念が生じ、ミーティングルームも思うように使用できなくなった。しかし、専用寮の復活によって、意思統一が図りやすくなった。今後、教員免許の取得過程を修了すれば、和田が寮に滞在する時間も増えていくだろう。

ふたりの元プロ指導者が揃ったことで、グラウンドには様々な化学反応が生まれようとしている。名門復活へ向けて、そして複数の元プロ指導者によるコーチングシステムを展望する上でも、両指導者と拓大紅陵からいよいよ目が離せなくなった。

おわりに

この本を執筆している最中にも、元プロ野球選手の学生野球資格回復に関するビッグニュースが続々と舞い込んできた。

ＰＬ学園時代に甲子園大会歴代最多の14本塁打を放ち、ＮＰＢ歴代５位の５２５本塁打を記録したスーパースター、清原和博が資格回復認定を受けたのだった。実際にグラウンドで指導できるのは、執行猶予期間満了から５年が経過する２０２５年６月以降となるが、影響力の大きすぎるビッグネームの資格回復だけに、元プロ指導者増加へのさらなる起爆剤になるのではないかとさえ思う。

また、同時に資格を回復した元プロ野球選手のリストを見ても、黒田博樹、新井貴浩、緒方孝市、和田一浩、谷佳知、桧山進次郎といった大物の名前がズラリと並んでいる。メジャー経験者、ＮＰＢのタイトルホルダーや日本代表経験者、ＮＰＢ監督経験者が、続々と学生野球の指導資格を得ているのである。

そして、2010年の甲子園で春夏連覇を達成し、後にプロ入りする興南（沖縄）のエース左腕、島袋洋奨も資格回復の認定を受け、母校での指導を開始した。甲子園での活躍が記憶に新しい若手選手の資格回復も、今後はさらに増えていくだろう。

なお、あの野村克也も亡くなる前年の2019年7月に、学生野球資格を回復している。もし生前の野村が高校野球のグラウンドに立っていたなら、高校生たちにいったい何を伝えただろうか。

今回の取材中も「トップを経験した者が学生を指導してはいけないというルールはおかしい」だとか「資格が必要なのは、むしろアマチュア指導者の方ではないのか」という意見もあった。将来的にプロアマの関係性をさらに良いものとするために、今後も議論を重ねていく必要はあるだろう。

何より、高校野球はあくまで学校体育であるということを忘れてはならない。全国的には当然、学校現場を歩んできた教員監督やコーチが圧倒的多数を占めている状況に変わりはない。アマチュア側には「教育現場が崩れかねない」と、元プロ指導者の相次ぐ参画を危惧する声も根強い。そして、彼らにも意地がある。元プロ指導者の増殖を、ただ指をくわえて見ているはずがないのだ。

元プロにはプロの、教員には教育者としての技術と経験がある。今後はこれらが交わり、ぶつかり合い、今までになかった高校野球界の「対決の構図」を作り上げていくことだろう。それはそれで、ファンの関心を大きく煽るものになるはずである。

ただし、天理の中村が言うように、両者には「強みと弱み」がある。技術者の元プロと教育現場に立つ教員が、それぞれの強みを活かして互いの弱みを埋めていくことができれば、理想的な組織の形に近づくのかもしれない。

東海大菅生の若林、拓大紅陵の和田は「高校野球の監督は、授業を持った方がいい」と語っている。資格回復には教諭歴2年が必要という旧制度のもとでグラウンドに帰ってきた若林は、元プロでありながらすでに教育者としての視点に立っている。一方、和田は飲食店経営の傍ら母校の外部コーチとなり、監督就任と前後するような形で教員免許取得のチャレンジを開始した。両者とも「野球だけ教えられればいいという世界ではない。野球を引退した時に、何も残らない人間を作ってはいけない」と語っている。

そもそも「元プロ」の肩書があるとはいえ、それがすべて正義とは限らない。この大前提を、果たしてプロ野球出身の指導者がどれほど意識しているのか。正直、取材前の自分にはそこを疑問視する部分もあった。しかし、結果的には、この前提があるからこそ指導ができているという思いを、全員から感じ取ることができた。それが今回の取材における最大の収穫だったといえるだろう。

もうひとつ、元プロ指導者の彼らが共通して持っていたのは、野球界の未来に対する危機感だった。

日本高野連によると、2019年の全国硬式野球部員総数は14万3867人。2020年はこれが13万8054人と、一気に5000人以上のマイナスを記録している。統計を取り始めた1982年以降、ピークは2014年の17万3012人だから、6年間で約3万人以上も減少しているのだ。加盟校数を見ても、1989年から28年間にわたって4000校以上で推移し、2005年には4253校とピークに達するのだが、2017年に4000校を割り、以降も年々微減を続けている。

日本中体連に加盟する全国軟式野球部を見ると、より厳しい現実を突きつけられてしまう。2009年には全部活動の中で最多の30万7053人だった部員が、2019年には16万4173人。「10年間でおよそ半減」という事実は、かなりショッキングな状況だと言わざるを得ない。部員総数も18万7708人のサッカーに抜かれて2位となり、16万1900人で3位のバスケットボールに逆転される日も、そう遠くはないのかもしれない。

今回の取材の中で、資格回復の1年前までNPBの現場に立っていた拓大紅陵コーチの飯田は、とくに強い危機感を抱いていた。12球団一と言われるソフトバンクの育成カテゴリーに身を置いていたからこそ「プロ野球選手の中でも、実力格差は年々大きくなっている」、「プロ野球に入ってくる選手でも、アマ時代に野球のことはあまり指導されていない」と痛感したのだろう。

「学生のレベルはもちろん、指導者のコーチングレベルを上げて、野球の競技レベル自体を上げていくことで、野球人気再興に繋がる」

と、力説するのだ。これには同じソフトバンク三軍で指導経験のある鹿児島城西の佐々木も「プロ野球のレベルが上がらなければ、競技レベルは向上しない」と同調している。

何より、彼らには「野球界によって生かされた恩を、野球によって後世に伝えたい」

という気持ちが強いと感じた。また、そうした思いがなければ、とても高校野球を指導するという重責を担うことはできないはずである。関東大会準優勝後に恩師を失うも、就任1年目でセンバツ出場を決めた常総学院の島田は、とくにそうした「恩の還元」を意識したに違いない。

一方、業界の中にある既成概念に対して、露骨に反対意見を唱えたり、新規提案を行ったりすることが難しい風潮は相変わらずだ。しかし、プロを経験した指導者が、アマチュア側に立つことで発信できることもあるのではないか。今回紹介した5校の監督・コーチのみならず、智辯和歌山の中谷仁ら、すでに全国上位進出を経験している者も目立ち始めている。日本野球界の最高峰を経験した彼らは、強い影響力を持ったメッセンジャーでもある。プロ経験者という特殊技術者から挙がる声に対して、素直に耳を貸すアマチュア側の姿勢も今後は求められるだろう。

甲子園で元プロ監督同士の対決が見られる日が、間もなく訪れようとしている。NPBの監督経験者同士が、甲子園で対戦することだってあるかもしれない。夢を叶えた者、夢に敗れた者、頂点を極めた者。そして、様々なプロセスを経て、再び高校野球の世界へ戻ってきた「元プロフェッショナル」たち。彼らが我々に新しい野球の楽しみ方を提案してくれるのは、まず間違いない。彼らが後世に残そうとしている野球を、今後も注視していきたいと思う。

最後に、コロナ禍の非常にデリケートな時期に、今回の取材を快くお受けくださった常総学院の島田直也監督、東海大菅生の若林弘泰監督、天理の中村良二監督、鹿児島城西の佐々木誠監督、拓大紅陵の和田孝志監督、飯田哲也コーチに、深く、重ねて感謝を申し上げげます。

2021年2月　加来慶祐

元プロの流儀

2021年4月2日　初版第一刷発行

著　　　者／加来慶祐

発　行　人／後藤明信
発　行　所／株式会社竹書房
〒102-0072
東京都千代田区飯田橋2-7-3
☎03-3264-1576（代表）
☎03-3234-6301（編集）
URL　http://www.takeshobo.co.jp

印　刷　所／共同印刷株式会社

カバー・本文デザイン／轡田昭彦＋坪井朋子
協　　　力／島田直也（常総学院野球部監督）
若林弘泰（東海大菅生野球部監督）
中村良二（天理野球部監督）
佐々木誠（鹿児島城西野球部監督）
和田孝志（拓大紅陵野球部監督）
飯田哲也（拓大紅陵野球部コーチ）
（掲載順）

本文写真／産経新聞社、アフロ

編　集　人／鈴木 誠

Printed in Japan 2021

ISBN978-4-8019-2586-1